Catherine Cicchelli-Pugeault
Vincenzo Cicchelli

Les théories sociologiques de la famille

Éditions La Découverte
9 *bis*, rue Abel-Hovelacque
75013 Paris
1998

Catalogage Électre-Bibliographie
CICCHELLI-PUGEAULT Catherine*CICCHELLI Vincenzo
Les théories sociologiques de la famille. — Paris : La Découverte, 1998. — (Repères ; 236)
ISBN 2-7071-2819-8

Rameau :	famille : aspect sociologique : histoire
Dewey :	306.82 : Anthropologie sociale et culturelle. Systèmes de parenté. Types de famille
Public concerné :	Tout public

Si vous désirez être tenu régulièrement informé de nos parutions, il vous suffit d'envoyer vos nom et adresse aux Éditions La Découverte, 9 *bis*, rue Abel-Hovelacque, 75013 Paris. Vous recevrez gratuitement notre bulletin trimestriel **A la Découverte**.

« La famille est l'élément naturel et fondamental de la société et a droit à la protection de la société et de l'État. »

La Déclaration universelle des droits de l'homme, article 16, 1948.

Introduction

« Famille. — Les savants d'il y a cent ans se demandaient d'où elle venait ; ceux d'aujourd'hui se demandent plutôt où elle va » [Carbonnier, 1992]*. Les travaux des scientifiques du XIXe siècle ne se réduisent certes pas à une quête de l'origine de la famille et les études contemporaines ne se confondent pas avec des analyses de tendances anticipant le futur. Néanmoins, le propos permet de rappeler que les théories sociologiques de la famille expriment des points de vue qui orientent leurs contenus. Les manières de percevoir l'objet d'étude renvoient à des enjeux sociaux qu'il faut expliciter pour restituer le réseau des significations associées à une théorie particulière. Notre lecture des théories sociologiques de la famille s'applique à rapporter leurs contenus à des éléments contextuels, relatifs aux mutations sociales générales et aux transformations internes au champ scientifique. Il ne s'agit pas exactement d'une histoire de la pensée sociologique. En repérant certains éléments élaborés au XIXe siècle — thèmes, approches, soucis — que l'on retrouve un siècle plus tard sous la plume d'auteurs contemporains, cette lecture vise néanmoins l'identification d'une *tradition*, noyau d'idées centrales partagées et transmises par une communauté de savants [Nisbet, 1984]. Pour quelles raisons la famille devient-elle objet d'observation et d'intervention ? Dans quelle mesure est-elle considérée comme un élément de coordination entre l'individu et la

* Les références entre crochets renvoient à la bibliographie en fin d'ouvrage.

société ? Quelle efficacité lui reconnaît-on dans le maintien du lien social ? Quelle est sa morphologie, quelles relations abrite-t-elle ? Autant d'interrogations qui ne cessent de hanter ceux qui se penchent sur la famille, hier et aujourd'hui.

En reprenant quelques éléments du débat sur la question sociale au XIXe siècle (chapitre I), en montrant que la famille est scrutée parce qu'elle contribue positivement à relier les individus à la grande société (chapitre II), en soulignant l'impuissance relative de l'organisation familiale à assurer sa fonction intégratrice (chapitre III), enfin, en repérant les intérêts des auteurs pour les dimensions conjugale, parentale, fraternelle présentes dans le cadre domestique (chapitre IV), on montrera que les théories sociologiques contemporaines puisent dans les œuvres classiques, consciemment ou non, des instruments de compréhension utiles pour analyser les mutations familiales intervenues depuis les années soixante (chapitre V).

L'approche retenue vise le dépassement d'une division académique du travail intellectuel qui tend à réduire l'histoire de la discipline à une exégèse savante et à vider de toute profondeur historique les concepts élaborés dans le cadre de recherches sur le monde contemporain. À l'appui des considérations d'Alain Renaut [1989] sur l'histoire de la philosophie, on peut penser de manière plus dynamique que la reconstruction d'une tradition de pensée contribue de façon spécifique à la connaissance de la discipline. Fournissant des instruments critiques aux enquêtes contemporaines, cette manière de faire de la sociologie n'est pas autonome du métier du sociologue. Sa mise en perspective dévoile que le passé du savoir scientifique n'est pas « une sorte de palais inhabité dont on visite les trésors, mais dont on n'espère plus rien de nouveau » [*ibid.*].

I / Étudier la famille pour la réformer

Les pères fondateurs de la sociologie européenne élaborent leurs concepts dans un contexte instable, riche de débats passionnés mêlant regrets et prophéties, nostalgies du passé et rêves utopiques. Publié en 1856, *L'Ancien Régime et la Révolution* résume en son titre la grande alternative divisant les contemporains. Alexis de Tocqueville y exprime de manière nuancée les interrogations d'un siècle qui scrute inlassablement les caractères et conséquences de la profonde crise politique associée à la Révolution française. Craignant une rupture des liens communautaires, les sociologues observent également les effets de la révolution industrielle, plus précisément la dégradation des conditions de vie des travailleurs confrontés à une nouvelle organisation du travail en usine, au progrès technologique, à l'isolement des individus dans les nouveaux centres urbains, tout cela dans un contexte de recul de la propriété foncière [Nisbet, 1984]. Mais, s'il est un domaine qui paraît particulièrement menacé, c'est bien celui de la famille. Les bouleversements affectant sa structure et les relations entre ses membres sont interprétés comme les signes d'une rupture radicale, d'une crise profonde gangrenant une société déstabilisée. Cette inquiétude ne prend tout son sens que rapportée aux valeurs politiques en concurrence. Conservateurs et libéraux affirment que l'ordre social en formation doit continuer à se fonder sur une structure familiale, tandis que les socialistes préconisent la redéfinition radicale d'un cadre jugé inféodé aux exigences économiques.

Au XIXᵉ siècle, la question familiale se structure ainsi à partir d'une interrogation plus générale sur le lien social. Comment souder les membres d'une société dans un contexte de crises politiques multiples opposant de manière complexe monarchistes, libéraux et révolutionnaires, partisans de la restauration politique, apologues de l'idéal républicain et prophètes d'une société expurgée de tout principe de domination ? Comment révéler aux hommes leurs intérêts communs quand l'avènement de la manufacture paraît amplifier la distance sociale qui les séparait déjà par le passé ? Autrement dit, comment penser l'ordre social dans un contexte de changement dont la rapidité effraie les contemporains ?

La prolifération des discours et la diffusion des pratiques ayant la famille pour objet d'intervention manifestent la tentation de trouver dans la sphère familiale une réponse à cette inquiétude. Inscrits dans de vastes courants sociaux et politiques, l'hygiénisme, le paupérisme et le volontarisme éducatif fournissent notamment des cadres de pensée pour appréhender les mutations du siècle en général, les transformations familiales en particulier. La famille forme bientôt un objet d'observation pour les médecins, les enquêteurs sociaux et les administrateurs. S'inscrivant souvent dans le sillage du scientisme et du positivisme, ces intervenants revendiquent une foi dans le progrès, dans la perfectibilité de l'homme et de sa vie en société. Ils prônent la pratique d'une observation méthodique, garantissant le développement d'un raisonnement inductif débouchant sur l'énoncé de lois et la formulation de projets réformateurs. Pensée scientifique et pensée sociale se trouvent mêlées, connexion qui marque les écrits de la sociologie naissante : les premières théorisations sont, beaucoup plus nettement qu'un siècle plus tard, orientées par les attitudes de leurs auteurs en matière de réforme familiale et sociale.

1. Famille et hygiénisme

La double fonction sanitaire et morale du médecin de famille

La figure du médecin de famille s'impose au XIXᵉ siècle. Son entrée dans les coulisses de la vie familiale concerne principalement les milieux sociaux aisés, mais intéresse aussi les couches populaires ou la petite bourgeoisie, comme l'illustrent *Le Médecin de campagne*, de Balzac (1833), *Madame Bovary*, de Flaubert (1857), et, dans la littérature sociologique, la monographie de Le Play sur une famille pyrénéenne [1857-1877]. Sa déontologie épouse un adage en vogue à l'époque : « Guérir parfois, soulager souvent, consoler toujours » [Cosmacini, 1988]. Tout en dispensant des soins corporels, le médecin sonde l'âme en accédant au rang d'un intime de la vie privée quotidienne. Devenant parfois le confesseur de secrets de famille inavouables, son champ d'intervention s'élargit jusqu'à empiéter sur celui du prêtre dans la prise en charge de questions délicates qui requièrent tact et diplomatie, compétence et secret professionnel. Concourir à cacher l'inconduite d'une fille-mère issue d'une bonne famille provinciale en l'aidant à trouver une nourrice complaisante prête à s'occuper de l'enfant illégitime, puis l'assister dans sa quête d'un homme « honnête » qui accepte le mariage et la reconnaissance de l'enfant sans être pour autant un homme quelconque, voilà quelques exemples des services que le médecin de famille peut offrir à la fin du XIXe siècle [Anonyme, 1982]. Son incursion dans la vie de famille ne se réduit pourtant pas à une fonction de pourvoyeur de conseils et de détenteur de secrets ayant trait aux tabous de la sexualité. Son influence peut embrasser la totalité des aspects de la vie du groupe domestique. Prônant des pratiques d'hygiène alimentaire et corporelle, invitant chacun à conduire sa vie sur la base de conceptions rationnelles, le médecin tend « à régler les exercices du corps, la pratique du cheval, la fréquentation des bals, la lecture des romans aussi bien que les rapports conjugaux » [Corbin, 1987]. Le contrôle de la qualité de la descendance entre dans ce champ de compétences. C'est un médecin, le docteur Gazalis, qui, dans *La Science du mariage* (1900), écrit qu'« un jour viendra où les deux familles, avant de décider un mariage, mettront en présence leurs deux médecins, comme elles mettent en présence leurs deux notaires, et où les médecins auront le pas sur les notaires » [Donzelot, 1977]. Ce même médecin est à l'origine de la législation française sur l'obligation de la visite médicale prénuptiale. La diffusion d'une « médecine domestique » [*ibid.*] contribue plus largement à rendre possible une réorganisation des rapports familiaux au profit de la figure féminine, du moins en milieu bourgeois. Promue auxiliaire du médecin, l'épouse-mère l'aide à lutter contre la médecine populaire. Dans le même temps, elle conquiert un nouveau statut social, une reconnaissance de ses fonctions maternelle et éducative. Cette alliance non écrite s'établit aux dépens de la figure masculine et paternelle, dont elle contribue à déstabiliser partiellement la traditionnelle autorité. Les recommandations et les attitudes des médecins guident ainsi les familles dans la voie du juste milieu, elles les invitent à réprouver les excès à l'appui d'une morale de la continence et de l'autocontrôle.

Pour comprendre ces transformations, il faut les replacer dans leur contexte. L'hygiène publique apparaît comme courant de pensée dès la fin du XVIIIe siècle, et son essor accompagne la réforme des études médicales du début du XIXe siècle. Prenant acte d'un mouvement de dépopulation, elle mobilise des philanthropes et des responsables politiques espérant concilier aménagement urbain et salubrité publique [Nourrisson, 1990 ; Vigarello, 1985]. Saisis à titre d'experts, les hygiénistes deviennent des interlocuteurs privilégiés pour les pouvoirs publics dans la mesure où leur orientation médicale se double d'un projet moral très affirmé dès les années 1830. Reprenant à son compte une conviction héritée des Lumières, l'hygiénisme présuppose en effet la liaison intime du physique et du moral, et la détermination du second par le premier. La reconnaissance d'un fondement physique de la morale est lourde de conséquences, elle permet de la dégager des réflexions métaphysiques et « d'en faire un objet de science positive » [Procacci, 1993]. La compétence médicale s'en trouve élargie. Le médecin est désigné pour déterminer des règles d'entretien de la santé physique *et* morale des corps biologiques individuels comme du corps social traité sur un mode identique. C'est avec la caution de la science qu'il devient ainsi responsable de la définition de règles de vie privée et publique. À l'instar de l'ingénieur, conscient de son savoir et du prestige qui lui est attaché, il espère améliorer la société d'un triple point de vue sanitaire, moral et administratif, comme l'illustre le titre du livre publié en 1836 par Alexandre Parent-Duchâtelet, médecin de formation : *De la prostitution dans la ville de Paris, considérée sous le rapport de l'hygiène publique, de la morale et de l'administration.*

L'administration sanitaire de la prostitution assume une fonction de contrôle de l'état physique des prostituées mais aussi, au-delà des apparences, de la morale familiale de leurs clients, surtout lorsque ceux-ci appartiennent au milieu bourgeois. Dans la maison de tolérance voulue par la préfecture de police et décrite par Parent-Duchâtelet, la sexualité vénale revêt un caractère strictement utilitaire et instrumental, « la promiscuité, la sexualité de groupe, l'érotisme raffiné et l'épanchement sentimental sont interdits. Le client, soulagé, doit être rendu intact à sa famille et à la société » [Corbin, 1991]. L'époux et le père de famille peuvent la fréquenter pour donner cours à leurs pulsions sexuelles, mais elle ne saurait entrer en concurrence avec le modèle matrimonial valorisé, elle constitue un exutoire légalisé mais nettement circonscrit quant à ses fonctions.

Criminalité et paupérisme : la misère des familles sur la lame du microscope

Les médecins investissent les coulisses de la vie privée tout en souhaitant jouer un rôle moteur en faveur du progrès social [Rollet, 1990]. Inscrit dans l'esprit du temps obsédé par « l'ordre et le miasme » [Corbin, 1978], leur objectif d'assainissement et de contrôle traduit la volonté de refouler une peur sociale. Inquiétés par l'instabilité politique, alertés par les crises sociales et les épidémies — le choléra de 1832 en particulier —, les médecins sondent avec anxiété les signes annonciateurs d'une crise généralisée menaçant irrémédiablement le corps social. C'est ainsi qu'ils sont conduits à mettre l'accent sur la criminalité. En observant les délits, qui figurent significativement parmi les premiers objets d'étude de la sociologie, les médecins diagnostiquent une maladie du corps social et mettent en cause la responsabilité de l'un de ses organes, la classe laborieuse. Conçue comme science sociale, la médecine s'applique à étudier la misère des familles [Castel, 1995] sans que ce travail ne remette en question l'existence d'inégalités de classe : il vise plutôt l'éradication d'une forme exacerbée de celles-ci. Leurs orientations professionnelles prédisposent les hygiénistes à adapter au domaine du social l'attitude courante dans leur pratique. Ils vont établir leurs diagnostics et proposer des remèdes aux problèmes sociaux sur la base d'enquêtes de terrain minutieuses, conçues à l'image de topographies médico-sociales. La prétention de la médecine à se définir comme une *médecine sociale* qui analyse la société à partir de l'analogie avec un corps vivant qui naît, se développe et meurt transparaît ici nettement. Comme pour un quelconque organisme vivant, l'*auscultation* de la société permet de déceler les symptômes de sa vulnérabilité. La misère des familles est assimilée à un germe pathogène préjudiciable à la cohésion sociale. Cette découverte nourrit une conscience sociale de la maladie en même temps qu'elle concourt, plus profondément, à définir les conditions de la santé sociale. En effet, c'est seulement à partir d'un certain seuil que la pauvreté est jugée anormale, symptôme d'un dysfonctionnement pathologique. Non réductible au niveau des ressources dont jouit le foyer, c'est le paupérisme qui apparaît comme fondamentalement antisocial [Procacci, 1993] : source du crime, il forme le prisme par lequel les classes supérieures vont percevoir les classes laborieuses comme dangereuses [Chevalier, 1978]. Les analyses de Villermé illustrent ce point.

Le débat sur la restriction du mariage des pauvres (Villermé)

Évoquant la notion d'emploi régulier au XIXe siècle, l'historien Thompson note son anachronisme [1988]. Mobilité géographique, alternance de périodes d'emploi et de chômage, variations des niveaux de salaires caractérisent bien plus le travail ouvrier. Cette insécurité permanente apparaît nettement dans la monographie de la condition ouvrière dressée en 1840 par le médecin Louis-René Villermé. Son *Tableau de l'état physique et moral des ouvriers employés dans les manufactures de coton, de laine et de soie* repose sur un dispositif d'enquête inspiré par la pratique médicale. Fondé sur l'observation et la quête de symptômes pathologiques, il implique la visite d'un enquêteur et un interrogatoire. Refusant les généralités, Villermé tient compte des structures familiales et s'intéresse notamment à la situation d'un ménage avec enfants. Ce faisant, il définit en creux les conditions d'un équilibre familial toujours précaire. Même bien rémunérés, les ouvriers se révèlent le plus souvent incapables d'économiser, les ménages dont les enfants sont encore trop jeunes pour travailler et contribuer aux dépenses du groupe domestique étant particulièrement concernés. Lorsque la rétribution salariale est relativement faible, trois conditions sont nécessaires pour soulager les contraintes budgétaires et conjurer le risque de la précarisation et de la paupérisation : que les deux conjoints travaillent continûment, que leur progéniture soit réduite à deux enfants et qu'ils soient exempts de vices. Symétriquement, « supposez un troisième enfant, un chômage, une maladie, le manque d'économie, des habitudes ou seulement une occasion fortuite d'intempérance, et cette famille se trouve dans la plus grande gêne, dans une misère affreuse : il faut venir à son secours » [1840].

Le constat de la misère privée fait inévitablement sourdre la question de l'assistance publique. Or, d'inspiration libérale, Villermé examine la pauvreté d'un point de vue moral qui engage les responsabilités individuelles. Source de surmortalité, infantile notamment, la pauvreté toucherait plus volontiers les familles imprévoyantes, celles dont la conduite n'est pas irréprochable. À partir d'une défaillance morale s'ouvre la perspective de la misère et de la mort, châtiment de la Providence. Comme M.A.H. Frégier, auteur de *Classes dangereuses de la population dans les grandes villes*, publié en 1840, Villermé rejette les recommandations exhortant les célibataires à ne pas se marier et les jeunes mariés à ne pas enfanter sans avoir l'assurance de faire face aux dépenses nécessitées par la vie familiale. Il intervient ainsi dans un débat de société en se démarquant de ceux qui, comme dans certaines régions d'Allemagne et de Suisse, interprètent les recommandations de Malthus dans le sens d'une autolimitation de l'accès au mariage pour les moins aisés. Si ces pratiques restrictives ont pour ambition de faire diminuer le nombre des enfants tombant à la charge publique faute de pouvoir être entretenus par leurs parents, elles méconnaissent l'inconscience ouvrière, réelle responsable du mal selon Villermé. Seule une réforme morale de la vie ouvrière lui paraît apte à garantir les conditions d'amélioration de son confort matériel. Dans la lignée de la philanthropie et de l'économie sociale, Villermé conçoit moins la pauvreté comme une question de revenus que comme la conséquence de l'inconduite des membres d'une famille. Son analyse du paupérisme se vide ainsi de tout enjeu politique.

Les médecins ont laissé un legs aux pères fondateurs de la sociologie. À l'appui du modèle des sciences de la nature, ils ont désigné un problème à résoudre et indiqué l'objet à étudier pour y parvenir. C'est ainsi que la médecine « contamine » les premiers écrits sociologiques.

2. La sociologie marxiste des conditions de vie des familles ouvrières

Adam Smith avait fourni à l'économie libérale un tableau des *Recherches sur la nature et les causes de la richesse des nations* [1776]. Le XIXe siècle produira son complément, sur la nature et les causes de la misère. Sans que l'objet soit central dans leurs analyses, les savants abordent la question familiale comme élément organique de la pathologie générale du corps social, et ils définissent en creux les conditions d'une vie familiale souhaitable. Les analyses de Karl Marx et de Friedrich Engels sont présentées dans cette partie. Leur contenu est mixte, à la fois théorique et ouvertement orienté par l'objectif révolutionnaire. Le constat de départ des sociologues marxistes se confond avec celui des libéraux : la crise de la famille au XIXe siècle.

La destructuration de l'économie familiale traditionnelle

Comme son homologue libérale, l'analyse socialiste relie les effets de la misère sur la vie familiale aux conditions incertaines de la vie professionnelle. Marx décrit la manière dont le mode de production et d'échange capitaliste atteint le cœur de l'économie traditionnelle [1867]. La répartition des tâches et la durée du travail y sont définies en fonction de conditions naturelles relatives à l'alternance des saisons et aux différences d'âge et de sexe des membres du groupe familial. L'exemple de l'industrie textile est particulièrement significatif puisque c'est là que les premiers effets de la révolution industrielle sont observés. Avant la mécanisation, l'économie du tissage reposait sur une division du travail interne au groupe domestique. Physiologiquement fondée, elle est adaptée aux capacités individuelles tout en étant au service de la force de travail du ménage. Le père tisse, il est secondé par son épouse, une fois acquittées les tâches domestiques, et tous les deux sont progressivement aidés par leurs enfants, en sorte qu'aucun des membres de la famille n'est au chômage. Laborieuse, la vie de ces tisserands ruraux s'organise autour d'une forme de « vie familiale et communautaire », la surveillance continue des enfants au domicile parental garantissant la qualité de l'éducation [Thompson, 1988].

L'avènement des fabriques de tissage mécanique bouleverse dès les années 1830 cette économie familiale en rendant le travail manuel non compétitif. Peu à peu, contraints par la pauvreté à abandonner leurs métiers à bras désormais obsolètes, les tisserands rejoignent les manufactures, passage perçu comme impliquant une perte de statut. Les fabriques ont en effet une image négative, elles ont la réputation d'être des lieux d'immoralité, de favoriser la débauche, un langage grossier, les accidents violents. Surtout, l'usine remet en cause la nature même des rapports familiaux traditionnels. Qualifiés de patriarcaux par Engels [1845], ils impliquent le respect de la morale, de la figure paternelle et de Dieu. Loin de valoriser ce type de vie domestique, Engels juge ces tisserands « morts intellectuellement », tournés vers la satisfaction de leurs besoins privés, inconscients de la domination subie. S'il insiste sur leur style de vie, c'est pour mieux faire ressortir par contraste les effets néfastes du travail en usine, source d'éclatement du groupe domestique dispersé par les obligations professionnelles. Plus que ne le fera Weber [1923] en soulignant la séparation du ménage et de l'entreprise qui accompagne l'industrialisation, Engels montre que les rapports sociaux de production affectent la dynamique des relations familiales.

En tenant compte des attitudes de résistance à la mécanisation, les travaux sur le déclin de l'économie familiale jusque-là dominante révèlent la signification des inquiétudes ressenties. Étudiant l'avènement de la classe ouvrière anglaise, l'historien marxiste Thompson note que, dans les années 1830, les débats portent moins sur la faiblesse des salaires et des moyens de subsistance que sur les nouvelles relations engendrées par l'exploitation capitaliste, en particulier dans la vie de famille. Il revient à Marx d'avoir révélé le mécanisme par lequel l'essor du machinisme contribue à disloquer l'économie domestique traditionnelle. En minimisant le recours à la force musculaire, la machine favorise l'emploi de la force de travail féminine et enfantine et permet d'accroître considérablement le nombre de salariés, en courbant « tous les membres de la famille, sans distinction d'âge et de sexe, sous le bâton du capital » [1867]. En modifiant les conditions d'équilibre de l'offre et de la demande de travail, l'accroissement en volume de la main-d'œuvre produit un effet mécanique : les lois du marché déprécient le prix du travail offert par l'ouvrier. Contraint par la menace pesant sur son salaire, le prolétaire est poussé à engager son épouse et ses enfants à travailler pour assurer la survie de son foyer. Rompant avec la logique du contrat qui repose sur la liberté respective du vendeur et de l'acheteur de travail, le père traite pour les siens. L'exploitation capitaliste métamorphose l'ouvrier adulte en « marchand d'esclaves » vendant femme et enfants pour accroître son maigre revenu. Sur certains marchés locaux, comme Manchester, la présence, décrite par Thompson, de véritables équipes familiales fournissant une main-d'œuvre à bon marché aux propriétaires d'usines prend sens dans ce contexte économique.

Insécurité du travail et fragilité familiale : l'absence de vie de famille

En renversant le point de vue libéral, Engels et Marx expliquent l'absence de vie de famille chez les ouvriers à partir de l'état de leurs conditions matérielles, invoquant comme cause primaire de leur détresse l'insécurité permanente du travail. Le défaut de nourriture qui porte atteinte à la santé des membres du groupe est la conséquence d'un salaire hebdomadaire insuffisant. Lorsque les carences alimentaires rendent vulnérable l'homme, pourvoyeur principal de revenus, la famille déchoit dans la misère et dans l'isolement. L'insécurité des conditions de la vie professionnelle atteint également les fonctions familiales de reproduction biologique lorsqu'elle pousse des femmes enceintes à travailler jusqu'à l'accouchement et à reprendre le travail dans les jours suivants par crainte d'être congédiées. Conséquence du faible niveau de qualification requis par la grande industrie, la concurrence aiguë que se livrent ceux qui n'ont que leur force de travail à vendre nourrit les craintes de chômage et rend impossible toute conciliation entre vie professionnelle et vie familiale : tant que les ouvriers ne seront que prolétaires, le travail primera sur la vie de famille, entravant tout épanouissement affectif. Contrairement à certains penseurs philanthropes, les critiques communistes n'estiment pas que le patronat puisse secourir l'indigence du prolétariat, dans la mesure où le travailleur n'obtient de son employeur qu'une reconnaissance subordonnée à l'accroissement du profit.

La promiscuité des sexes et des classes d'âge relevée par les observateurs de l'époque devient, sous la plume d'Engels en particulier, une cause supplémentaire de démoralisation des ouvriers, surtout des femmes. Les analyses de l'historien Jules Michelet, pourtant libéral et mettant le lecteur en garde contre l'exagération des enquêtes anglaises sur la condition ouvrière, vont dans le même sens. Dans son livre *Le Peuple* [1846], Michelet n'affirme-t-il pas que l'appellatif qui qualifie le mieux l'homme moderne est celui de « travailleur » et que, dans le monde de fer qu'est la manufacture, l'homme ne se sent plus homme et devient le captif du « règne de la nécessité » ? À l'extérieur, il recouvre une liberté provisoire mais l'atelier a produit son effet démoralisant. L'ouvrier exprime son refus de la monotonie, se révèle *incapable de fixité*, se fait l'ami d'exaltations éphémères, celles de l'ivresse ou de l'amour, d'une liberté qui devient aussitôt débauche. Ses désordres amoureux traduisent un malaise bien plus profond que celui d'un choix de vie imputable à une nature foncièrement mauvaise. Ses désordres sexuels expriment symboliquement le refus de l'assujettissement à un ordre mécanique synonyme de chaos et même de mort pour les corps vivants.

La division intrafamiliale du travail : la famille sens dessus dessous

En observant ces conditions d'existence, Engels ne peut que les comparer avec la vie matérielle et spirituelle de la bourgeoisie, milieu social auquel il appartient. Au cours du

XIXᵉ siècle, la bourgeoisie industrielle façonne le monde à son image en arborant deux de ses valeurs clés, la maison et la famille. La *maison*, « quintessence du monde bourgeois » [Hobsbawm, 1975], s'organise selon des espaces individualisés où chacun peut se retirer et des espaces publics où se déroulent les rites de la vie familiale — dont la célébration de Noël, fête familiale par excellence — et où s'affiche luxueusement la valeur sociale du groupe domestique, grâce à une décoration chargée [Montroni, 1988]. À l'intérieur de cet espace s'organisent les *rapports familiaux* bourgeois caractérisés par trois éléments : des modèles éducatifs définis en fonction du sexe dès la première enfance ; l'assignation de la femme au foyer, dont elle devient l'« ange » prenant en charge les tâches d'éducation des enfants et d'entretien des relations avec l'extérieur ; enfin, l'attribution à l'homme du rôle de pourvoyeur exclusif des revenus familiaux.

Cette séparation et cette hiérarchisation des rôles ne pouvaient être observées par Engels et Marx en milieu ouvrier. Le capitalisme avait engendré une redéfinition du partage des tâches et du pouvoir au sein de la famille ouvrière allant à l'encontre du modèle qui se diffusait dans les milieux aisés.

• *Les effets du travail féminin sur les rapports de sexe.* — La concurrence mine, on l'a vu, la famille ouvrière de l'intérieur dès lors que chacun de ses membres devient le rival de l'autre dans la quête d'un emploi. Parmi les effets de cette action dissolvante, le renversement des rapports de sexe traditionnels est fréquemment évoqué. Engels souligne qu'en substituant le travail des femmes à celui des hommes pour son seul profit la bourgeoisie renvoie l'homme dans son domicile, le réduisant au chômage et le conduisant à effectuer des tâches domestiques relevant habituellement de la sphère d'activité féminine. Dès lors, comme souvent à Manchester, « c'est la femme qui nourrit sa famille, et l'homme qui reste à la maison, garde les enfants, balaye les pièces et fait la cuisine » [1845]. Condamnés aux travaux domestiques, victimes d'une « castration de fait », les hommes ne peuvent que souffrir des conséquences de cette organisation du travail sur leur vie familiale dans un contexte où les rapports sociaux sont par ailleurs inchangés, la femme restant socialement jugée mineure par rapport à l'homme. Un brouillage s'opère qui dégrade les deux sexes et les déshumanise, les dénature en mettant la famille « sens dessus dessous ».

Pour une raison complémentaire, Engels se révèle partisan d'une répartition des tâches traditionnelle remise en cause par les nouvelles formes de travail féminin [Hobsbawm, 1954]. Les ouvrières qui travaillent à l'usine depuis leur plus jeune âge n'ont pu apprendre ni les rudiments de l'art ménager, faire la cuisine, laver, coudre, etc., ni la manière dont il convient de s'occuper de jeunes enfants. Cette incompétence est accentuée en cas de chômage masculin, les femmes délaissant complètement des tâches désormais déléguées aux époux. La production domestique non marchande recule, contraignant les familles à acheter dans la précipitation des marchandises toutes faites et plus chères qui grèvent un budget déjà limité. Loin de partager l'argumentation de Michelet, qui voit dans la machine assurant la production de biens vendus à bon marché un agent du progrès démocratique, Engels perçoit que la généralisation du salariat ouvre la porte à un processus d'externalisation de la production de biens et services familiaux peu favorable à l'esprit d'économie.

• *Les effets du travail féminin sur la socialisation des enfants.* — Source de bouleversements du lien conjugal, le travail féminin atteint également les relations intergénérationnelles. Les longues journées de travail à l'usine ne laissent plus de place aux activités d'élevage et d'éducation. Dès lors, s'interroge Engels, que deviennent les enfants ? Livrés à eux-mêmes ou gardés avec négligence, le défaut général de surveillance leur est souvent fatal. Marx reproche aux économistes libéraux de taire les difficultés des mères ouvrières, sommées par exemple de trouver des remplaçantes pour allaiter les bébés. Dans une société qui repose sur la famille, cette organisation du travail produit des conséquences néfastes sur la structuration du lien social, à court et à long terme. Séparée de son enfant pendant la journée, la mère ne peut développer en elle comme en lui les sentiments qui, normalement, devraient naître et s'épanouir en famille. Elle produit un individu mal socialisé, qui, une fois adulte, sombrera dans un isolement prolongeant celui de l'enfance : dispersée dans la journée, la famille ne crée plus de lien, elle n'est plus le creuset d'où sortent des êtres sociaux. Les conditions matérielles de la vie ouvrière ont sapé les fondements du rôle maternel. Considéré par sa mère « comme un étranger », avec indifférence, l'enfant sera plus tard incapable de fonder une famille. Engels anticipe ici une conception qui fera fortune dans l'histoire de la pensée sociologique et anthropologique. Par analogie avec l'image du moule, la socialisation est ici conçue comme une transmission, une assimilation passive de modèles normatifs qui impriment dès leur plus jeune âge aux individus le caractère des générations précédentes.

• *Les effets du travail des enfants sur l'autorité paternelle.* — Le travail salarié des enfants exerce lui aussi une influence dissolvante sur la famille. Lorsque les enfants gagnent plus d'argent qu'ils n'en coûtent à leurs parents pour assurer leur entretien, ils conservent le résidu pour leurs dépenses personnelles. Ainsi, « les enfants s'émancipent et considèrent la maison paternelle comme une pension », avance Engels, qui ajoute que certains abandonnent même le logis familial s'ils ne s'y plaisent pas. Le chômage du père produit des effets comparables. Concurrencés par le métier mécanique, les tisserands sur métier à bras l'appréhendent d'autant plus qu'il entraîne la honte de la perte statutaire et celle de devenir dépendant de ses enfants : ce n'est plus alors le père qui nourrit ses enfants mais les enfants qui nourrissent le père. Le renversement des rôles familiaux traditionnels, « forcé et humiliant », concerne donc aussi les relations entre les générations. On trouve un second écho de cette remise en cause des rapports familiaux patriarcaux dans le débat sur la protection juridique de l'enfance. D'abord réticents à l'idée de toucher à l'institution familiale et à la *patria potestas* qui en est le garant, les parlementaires anglais auraient finalement cherché à protéger les enfants de la cupidité de leurs parents. Publié en 1866, un document de la Children Employment Commission souligne qu'« il ne doit pas être permis aux parents de pouvoir, d'une manière absolue, faire de leurs enfants de pures machines, à seule fin d'en tirer par semaine tant et tant de salaire » [Marx, 1867]. Marx conteste néanmoins les conclusions de cette commission parlementaire, l'exploitation de l'enfance résultant moins de l'abus de l'autorité paternelle que de la dégradation de cette autorité sous les effets pernicieux de l'exploitation capitaliste.

En France aussi se développe un débat sur la protection des mineurs. Il est nourri de données statistiques sur les conditions de travail et de vie des Français, commandées par les ministres Guizot, sur l'état moral de l'instruction primaire en 1833, et Martin, sur le travail des enfants en 1837. Sans porter directement sur la famille, ces travaux revêtent une importance considérable par les enjeux qu'ils approchent. En s'inquiétant de la situation des enfants de la classe populaire, ils attirent en effet l'attention sur les autorités de tutelle traditionnelles, le père de famille et l'entrepreneur [Savoye, 1994]. Les jugeant abusives, cupides ou défaillantes, le législateur s'interroge sur son droit à intervenir dans la sphère privée. L'obligation scolaire et la limitation du travail des enfants manifestent en ce sens une remise en question de l'évidence des dépendances traditionnelles, des relations intergénérationnelles de pouvoir, plus largement d'une forme verticale de lien social.

3. À la recherche d'un modèle familial rationnel et opérationnel

À l'aide d'enquêtes empiriques présentées comme scientifiques, médecins, philanthropes ou militants socialistes recherchent les clés d'une intervention sur la réalité sociale. Les travaux avaient révélé les limites du milieu professionnel comme support de moralisation. Pour s'attaquer au paupérisme, il fallait établir des obligations morales nouvelles, envisager autrement que par le passé la question de la pauvreté, « sous la forme d'un problème de fraternité, c'est-à-dire d'organisation des liens entre les individus » [Procacci, 1993]. La famille, dont les enquêtes ont mis en lumière les fêlures, constitue une pièce maîtresse du dispositif de moralisation et de gouvernement des classes populaires. L'adoption d'une conduite familiale rationalisée, définie sur la base d'observations isolant un modèle sain, doit permettre de *fixer* les individus en réglant simultanément rapports familiaux et rapports sociaux.

• *La critique socialiste du mariage bourgeois (Engels, Marx).* — Évoquant les bouleversements qui affectent les rapports de sexe dans la famille ouvrière, Engels se montre très critique à l'égard de la domination féminine produite par l'accès des femmes à un salaire propre. Cette configuration illustre le fait que « la communauté familiale n'est ni véritable, ni *rationnelle* puisqu'un membre de la famille peut encore tirer vanité d'apporter la plus grande part » au fonds commun [1845]. La critique de cette nouvelle domination, qualifiée d'arbitraire et d'inhumaine au même titre que la domination masculine des siècles passés, s'inscrit dans une analyse plus ample du fondement du lien familial au XIXe siècle. Selon Engels et Marx, le processus de désagrégation familiale qui affecte la classe ouvrière montre que ce n'est pas l'amour qui lie les membres de la famille, mais l'intérêt privé. Cette primauté de l'intérêt individuel, saisi par l'appât du gain monétaire, sur l'amour familial est observable dans toute sa brutalité dans le monde ouvrier sans être spécifique à cette classe sociale. En réduisant les relations familiales à de « simples rapports d'argent » [1848], l'avènement du mode de production bourgeois dévoile les limites du sentimentalisme familial.

Plus de trente-cinq ans plus tard, dans *L'Origine de la famille, de la propriété privée et de l'État* [1884], Engels étayera ces affirmations sur des matériaux anthropologiques et historiques issus des travaux récents de savants anglais et allemands. Suivant un schéma évolutionniste, il rattache chaque forme de mariage au mode de production prévalant. À l'état sauvage correspond le mariage par groupe, à la barbarie le mariage apparié, à la civilisation la monogamie, née de la concentration des richesses entre les mains de l'homme et du désir de léguer celles-ci à ses enfants. La transmission de la propriété privée à des héritiers exclusifs fonde le mariage conjugal. Cette priorité explique que la monogamie n'ait pas exigé l'exclusivité des relations sexuelles pour les deux conjoints. Au XIXe siècle, la fidélité est requise uniquement de la femme afin de contrôler la légitimité des héritiers. Si la tolérance pour l'adultère masculin est à peu près totale, excepté en cas de concubinage notoire, fortement désapprouvé et légalement puni, l'infidélité de la femme est totalement réprouvée. La femme bourgeoise est contrôlée, vierge avant son mariage, elle doit être une épouse vertueuse [Hobsbawm, 1975 ; Perrot, 1987]. La concentration des richesses et des pouvoirs entre les mains de l'époux est ainsi à l'origine d'une contradiction des rapports conjugaux dans la famille monogame qui fait de l'adultère la conséquence nécessaire d'un mariage de raison.

Qu'impliquera la disparition du mode de production capitaliste ? La monogamie disparaîtra-t-elle avec son fondement économique ? La transformation des moyens de production en propriété sociale entraîne, selon Engels, non pas la disparition de la famille monogame, mais sa véritable réalisation. Le mariage monogame s'accomplit sous une forme rationnelle là où le conflit entre le sentiment amoureux et l'intérêt marchand est résolu. Dans ce nouveau régime de la production et de la distribution, l'« amour sexuel individuel » devient le fondement de la famille et du mariage. L'« inclination réciproque » cimente le couple lorsque sont abolies les conditions qui empêchent la contractualisation des relations amoureuses. Une fois achevé ce long mouvement historique, les individus se choisiront mutuellement indépendamment des intérêts économiques de leurs familles respectives. L'impact de la logique du contrat sur le mariage aura pour effet de supprimer l'infidélité masculine et le fera plus dépendre des sentiments des individus que des contraintes institutionnelles. Le mariage ne sera alors plus indissoluble puisqu'il sera entièrement soumis au régime des passions individuelles. En effet, « si le mariage fondé sur l'amour est seul moral, seul l'est aussi le mariage où l'amour persiste » [1884]. Quand l'amour a disparu, le divorce est un bienfait. Pour que le mariage devienne réellement, c'est-à-dire rationnellement, monogame, il faut donc qu'il cesse d'être bourgeois.

• *La définition libérale du cadre familial : la supériorité de la vie matrimoniale.* — Hostile à la critique socialiste, la position libérale défend le cadre institutionnel existant en dénonçant deux modèles de vie alternatifs à la vie familiale bourgeoise.

D'un côté, le *célibat* est sévèrement jugé. L'ouvrier esseulé apparaît redoutable, Villermé note que ce sont « les célibataires, tous ceux qui ne sont pas *fixés* au foyer domestique par la famille, qui ont en général les plus mauvaises mœurs, et font le plus rarement des épargnes » [1840]. Si la famille forme la cellule sociale de base, il faut la protéger contre le vice moral, la dégénérescence physique, l'instabilité familiale et le vagabondage, autrement dit contre le mauvais pauvre généralement peint « comme un célibataire impénitent, voué à la débauche, donnant la chasse aux femmes et laissant des enfants à chaque coin de rue » [Procacci, 1993]. Cette figure hante tellement l'imaginaire patronal que les ouvriers célibataires se voient souvent refuser l'embauche [Meyer, 1977]. Dans l'Oise, sous le second Empire, les célibataires désirant ouvrir un débit de boissons voient leurs candidatures écartées par la préfecture de police, qui ne les juge pas adultes et craint des débordements que semble en revanche pouvoir endiguer la présence d'un conjoint [Pugeault, 1994]. De telles pratiques incitent à construire son existence à l'image de la vie de famille bourgeoise qui repose sur le mariage [Montroni, 1988]. La valorisation de ce cadre institutionnel entre, tout comme les politiques d'accès au logement, dans les moyens de la lutte menée pour régler la question sociale.

D'un autre côté, la célébration des vertus du mariage accompagne la stigmatisation de la *cohabitation* car, s'il est vrai qu'il ne faut pas rester seul, vivre en couple ne fournit pas une garantie suffisante. Cette forme de vie maritale non légitimée est considérée comme un état inférieur, moralement blâmable jusque dans l'étymologie du terme qui la désigne : littéralement, le *concubinage* est le fait de partager le lit avec quelqu'un. Dans ses premiers numéros, la revue *Annales de démographie internationale* s'intéresse aux ménages irréguliers. Dans un numéro de 1877, le docteur Gibert affirme par exemple que « le concubinage est une cause de dégénérescence de la société. Il est à l'origine des habitudes les plus vicieuses, les plus corrompues, que l'homme apporte ensuite dans ses relations matrimoniales » [Leridon, 1991]. Ce constat met là encore en lumière le champ de compétence que s'octroit le milieu médical en désignant des formes familiales morbides. Avec le temps, le débat interfère plus largement avec l'enjeu populationniste. L'union libre suscite des inquiétudes et devient l'objet d'estimations démographiques. Face à l'inquiétude grandissante suscitée par le phénomène de dépopulation qui atteint la France, une question se pose : les unions libres contribuent-elles à la prospérité démographique du pays ? Jacques Bertillon recense les « ménages irréguliers » à Paris par le biais de la natalité hors mariage ; il estime l'importance du concubinage en soulignant que « sur 100 naissances vivantes il y en a actuellement 25,45, ou plus du quart, qui ont lieu hors mariage » [Leridon, 1991]. L'idéal chrétien du « Croissez et multipliez-vous » semble avoir été oublié en France dès le XVIIIe siècle. Pour l'auteur de *La Dépopulation de la France*, publié en 1911, l'enjeu est de grande importance. Si le phénomène semble s'imposer à la société tout entière, et particulièrement dans les classes supérieures, il faut savoir si le concubinage des grandes villes peut l'aggraver. Le débat contribue à distinguer celui-ci du modèle matrimonial dominant.

• *La double justification sanitaire et morale du mariage.* — Les récents progrès de la démographie et de la statistique soutiennent l'exaltation des vertus bienfaisantes du mariage en indiquant qu'à la vie matrimoniale correspond un meilleur état de santé des conjoints. En Angleterre, William Farr, qui appartient à l'English General Registrar's Office, observe que, « si les gens célibataires souffrent de maladie dans des proportions importantes, les anciens mariés souffrent encore plus... Le mariage est un état de santé », conclut-il [1858]. En Italie, Enrico Morselli conclut, après avoir analysé des données statistiques sur le suicide, que le mariage est un « lien durable de deux époux » qui réussit à atténuer les « luttes très dures de la vie » [1879]. De son côté, Bertillon dégage pour l'Europe tout entière une corrélation positive entre nombre de suicides et nombre de divorces : cette liaison constituera le point de départ des études de Durkheim sur le rapport entre l'état matrimonial et le suicide [Durkheim, 1906]. Les travaux se rejoignent donc pour reconnaître la vertu protectrice du mariage sur l'intégrité physique des individus.

Cette action sanitaire du mariage n'est pas dissociable de son action morale. Dans son ouvrage *Le Mariage chez tous les peuples*, l'écrivain français Henri d'Alméras [1903] ne cesse de rappeler les effets bénéfiques de la vie matrimoniale sur le caractère des deux époux. Rempart contre l'égoïsme, le mariage oblige à de mutuelles concessions, il endort les passions. La vie de ménage « inspire l'amour de l'ordre, attache au régime social, transforme un révolté en un citoyen paisible, ennemi des révolutions ». Ces remarques semblent faire partie des évidences chères à la sensibilité de l'époque. On verra qu'elles sont présentes dans les écrits des pères fondateurs de la sociologie de la famille.

Favoriser les unions légitimes semble ainsi, pour les philanthropes, fournir le remède aux maux diagnostiqués, le plus moral en même temps que le moins coûteux puisqu'il est source d'un principe d'assistance mutuelle qui décharge l'État d'une lourde dépense en plaçant les couples dans une situation favorable à une logique d'économie et d'épargne. Le monde ouvrier doit faire sienne cette devise : « Le mariage bien compris doit être, en effet, une société de secours mutuel contre les déboires de la vie » [d'Alméras, 1903]. Cette attitude implique une capacité à organiser sa vie, à opter pour le mariage, à anticiper les mauvais jours, à savoir gérer un budget, bref à rationaliser la vie familiale.

Le volontarisme éducatif au service de la famille

En misant sur une rationalisation de la vie familiale, c'est l'ensemble des rapports sociaux que l'on espère régler, les rapports de sexe, les rapports intergénérationnels et les rapports de classe, autrement dit trois aspects de la question sociale qui alimentent les débats de l'époque. Pour servir cet objectif, un vecteur multiforme est proposé : l'éducation.

• *Éduquer les sexes.* — Moraliser l'ouvrière en la transformant en ménagère, telle est la première orientation du projet de socialisation des classes laborieuses et, plus particulièrement, des rapports conjugaux. Il prend sens en référence à la représentation négative de l'entassement physique des ouvriers dans les villes en pleine expansion. La description de centres urbains malsains est courante au XIXe siècle, elle est présente dans les rapports rédigés par l'administration en vue de la construction de voiries et de logements [Chevalier, 1978]. Mais, si le tableau brossé par Engels de la ville de Manchester, emblème de l'industrialisation anglaise qu'il observe pendant deux ans, se révèle sur ce point intéressant, c'est moins pour ses teintes obscures que pour le fait d'avoir souligné combien la promiscuité interdisait la diffusion chez les ouvriers de l'idée de foyer, de confort et d'intimité. Les conditions matérielles entravent la formation d'une conscience de disposer d'un « chez-soi » [1845].

Le constat n'engage pas que le point de vue socialiste, il est également identifiable dans des rapports libéraux. On observe alors de tous côtés un volontarisme éducatif soucieux de mieux distinguer les fonctions masculine et féminine. L'économie sociale dessine peu à peu les contours d'un mode de vie ouvrier au sein duquel la femme se consacre au travail domestique « hissé à la hauteur d'un métier » [Donzelot, 1977]. Professionnalisé, spécifié, rationalisé, le travail redéfini revalorise la position de la femme, lui offre un statut et l'engage moralement en lui confiant les soins du ménage et de la famille [Sohn, 1996]. Fondée sur le dévouement, son action civilisatrice permettra de moraliser la classe ouvrière, d'éradiquer le paupérisme, de convertir l'homme à la chaleur du foyer. Même si les loyers restent onéreux pour les travailleurs tentés de recourir à un second salaire, la place de la femme de l'ouvrier est au foyer, tout comme c'est le cas pour la bourgeoise, un foyer plus autonome du monde de la production que par le passé, n'abritant plus d'étrangers — apprentis, ouvriers — en son sein [Musso, 1988].

C'est dans cette optique que Villermé rend un vibrant hommage à l'influence bienfaisante des épouses des ouvriers. Loin d'être une cause de dépenses pour leurs maris, « elles se montrent généralement très sobres, très laborieuses, très économes, lors même qu'elles avaient les défauts contraires avant de se marier. En entrant en ménage, elles deviennent communément *rangées*, et le nombre des hommes qui, sans elles, s'abrutiraient dans l'ivrognerie et la débauche est très considérable » [1840]. Michelet aussi confère à ce modèle féminin une impulsion décisive. Vectrice d'ordre et d'économie, l'action féminine est déterminante. Elle produit une « *fixité* croissante dans le ménage et la famille » [1846]. Michelet objective cette tendance sur la base d'observations, celle des achats de linge de coton enregistrés en 1842 et, plus globalement, celle de la constitution tant matérielle que symbolique d'une véritable *armoire au linge*, objet d'orgueil de la femme de milieu rural, luxe inconnu de l'ouvrière citadine jusqu'ici. Elles traduisent, tout comme les achats de fleurs, le désir féminin de créer les conditions d'une vie de famille qui métamorphose le « petit intérieur » et dispense dans le même temps l'homme de courir au cabaret, abri de l'ivrognerie considérée par le prisme du regard hygiéniste comme « le plus grand fléau des classes laborieuses ». Michelet critique ici avec force les ouvrages d'économie et les statistiques qui taisent ces phénomènes relatifs au milieu populaire pour ne s'arrêter que sur les revenus épargnés en soupçonnant le débit de boissons d'accaparer la moindre dépense. Les achats de linge forment bien des dépenses mais, selon Michelet, leur destination masque en fait une économie cachée si l'ouvrière citadine parvient ainsi à retenir son mari à la maison.

• *Régler les rapports entre les classes d'âge.* — L'une des missions essentielles de l'éducation consiste à moraliser les pauvres en les socialisant aux valeurs bourgeoises. L'instruction primaire formera progressivement la pierre angulaire de la politique de la famille qui se met en place. Le principe d'une éducation à la fois familiale et scolaire devient la norme. Les relations entre les deux sphères sont néanmoins complexes. S'y lisent les craintes de l'hygiénisme relatives au mode de transmission du paupérisme. La famille forme un rempart contre les dangers venus de la société et l'école doit l'aider dans cette tâche. Néanmoins, l'école permet aussi de soustraire les enfants à un entourage familial défavorable : elle leur enseigne alors les normes d'hygiène et de comportement socialement valorisées. L'école contribue encore autrement à rationaliser la vie familiale. L'obligation scolaire favorise la mise en place d'un contrôle des naissances en ôtant aux parents la possibilité d'exploiter le travail de leurs enfants, transformés en bouches à nourrir. La remise en cause du travail enfantin accompagne ainsi celle du travail féminin. Par l'école, on escompte « à la fois limiter l'imprévoyance dans la reproduction et augmenter la prévoyance dans l'organisation de la vie » [Donzelot, 1977]. La rationalisation de la vie familiale permet simultanément de réaffirmer l'existence d'une hiérarchie naturelle des âges et d'insister sur son corollaire, l'obligation de la respecter.

C'est la mère qui joue le rôle d'interface entre la famille et l'école, et assume celui de gardienne des rapports entre les générations. Les dictionnaires et manuels scolaires d'époque en livrent des indices. Publié entre 1882 et 1887, le dictionnaire de Ferdinand Buisson (1841-1932) et James Guillaume (1844-1916) calque son organisation sur celle de la *Grande Encyclopédie pédagogique* éditée en Allemagne entre 1858 et 1875. Des auteurs de renom y participent, comme Durkheim, dont la contribution s'élève à trois articles sur l'éducation, l'enfance et la pédagogie. Destiné essentiellement aux directeurs d'école, aux maîtres ou futurs maîtres, cet outil aurait touché environ un instituteur laïque sur quatre. Le dictionnaire fait défiler le monde à travers la lentille de l'éducation, si bien que « la "Femme", même, ne semble digne de figurer que sous les trois espèces qui ne nous font guère sortir de l'école : "Fille", qui nous y mène tout droit par l'histoire législative de son instruction ; "Institutrice", qui paraît le débouché normal de cette instruction ; et "Mère", dont c'est la raison d'être d'y préparer l'enfant » [Nora, 1984*a*]. Un lien étroit est donc posé entre la figure féminine et maternelle et l'éducation : la famille sert de marchepied à l'instruction qui garantit à son bénéficiaire un destin social honorable grâce à la figure symbolique du maître. L'éducation est érigée ici au rang de science. De fait, c'est une chaire de science de l'éducation que Buisson occupera en Sorbonne avant d'être remplacé par Durkheim. Et la science, en véhiculant une morale fondée sur la raison, et non plus sur la religion, vient potentiellement en aide à la famille en insufflant en son sein les valeurs éducatives.

Publié en 1877 à titre de livre de lecture destiné aux écoliers du primaire, *Le Tour de France par deux enfants*, de G. Bruno, valorise dans le même esprit le fait d'apprendre, l'instruction qui garantit l'union de tous. Mais, si le parcours suivi par les enfants est école de vie, il revient au maître d'insister sur le fait que le voyage n'est pas une fin en soi, et que ce qui assure le plus grand bonheur est la *fixité*, tant familiale que professionnelle [Ozouf et Ozouf, 1984]. L'éducation scolaire n'est pas dissociable de l'institution familiale et il est remarquable que l'instituteur invité à produire un commentaire sur le

« Notre Père qui êtes aux cieux » souligne d'abord que, « si l'on donne ce nom à Dieu », c'est « que les hommes forment une même famille », puis enchaîne sur la notion de fraternité [*ibid.*]. Le glissement traduit une réflexion sur la solidarité humaine définie essentiellement comme volonté morale.

L'incontournable Lavisse fournit un dernier exemple. L'« instituteur national » rédige ses manuels en un temps où l'instruction publique est reine [Nora, 1984*b*]. S'il sert le sentiment républicain, son manuel pour le primaire, édité pour la première fois en 1884, se présente tout autant comme un outil d'éducation morale au service de la défense nationale ébranlée en 1870. Or, le devoir patriotique s'appuie sur la métaphore familiale : « En défendant la France, nous nous conduisons comme de bons fils. Nous remplissons un devoir envers nos pères », écrit Lavisse. Dans le *Manuel d'instruction civique* qui accompagne le *Petit Lavisse*, la patrie constitue toujours l'élément stucturel qui oblige en fondant une morale familiale quotidienne : « Vous devez aimer vos parents, qui vous aiment, vous nourrissent et vous élèvent. Vous devez leur obéir. Ne discutez pas avec eux. » Ces représentations sont en accord avec les valeurs bourgeoises. La rencontre entre l'objectif pédagogique et l'enjeu national et républicain permet également de souligner la nécessité d'un double maintien de valeurs hiérarchiques et du sentiment de respect dû par les jeunes générations aux plus anciennes. En éduquant les enfants des familles, l'école contribue à nourrir les liens sociaux verticaux. Le besoin qu'ont les hommes de s'appuyer sur un ordre symbolique structurant leurs relations est satisfait.

• *Régler la question ouvrière.* — Un autre outil de moralisation permet de mettre en valeur les ambitions du volontarisme éducatif. La bibliothèque des Amis de l'instruction du 3e arrondissement parisien, créée en 1861, est présentée par ses fondateurs comme une production populaire au service d'une pédagogie [Marie, 1984]. Les hommes ne sont pas les seuls destinataires des livres de la bibliothèque, les femmes et les enfants étant aussi concernés. Les statuts de la bibliothèque présentent les livres comme de « véritables missionnaires, [qui iront] développer au foyer de la famille les idées saines et les bons sentiments ». L'influence de l'hygiénisme moral est sensible jusque dans les mots. Le fonds est porteur d'une autre influence, celle de l'héritage polytechnicien et saint-simonien tourné vers les applications scientifiques associées à l'avènement d'une société industrielle. Le livre est plus conçu comme un support éducatif que comme un agent de distraction. Il engage une image de la famille, bien plus, il doit pouvoir exprimer symboliquement le foyer ouvrier. En 1911, le discours du président d'honneur de la fête du cinquantenaire de la bibliothèque — Eugène Brieux, membre de l'Académie française — l'affirme : « C'est le livre, on peut le dire, je crois, qui crée le foyer [...]. Comparez la vie du travailleur qui lit et celle du travailleur qui ne lit pas. Le premier, après le dîner de famille, s'installe sous la lampe, entre la femme qui coud et l'enfant qui apprend sa leçon, et il lit [...]. Quoi qu'il lise, il arrive un moment de la veillée où [...] son émotion est trop forte pour qu'il accepte d'être seul à l'éprouver ; alors il lit un passage tout haut [...] et associe à sa joie la femme qui l'écoute, l'aiguille levée, et l'enfant dont le petit doigt marque sur le livre de classe la ligne où il s'est trouvé arrêté, à sa grande satisfaction. » Le livre doit former un agent intégrateur et lier les membres de la famille en développant en son sein les conditions d'une communication. Symétriquement, celui qui ne lit pas incarne la solitude sociale et morale, même s'il a une famille : « Celui-là seul est vraiment, douloureusement, un isolé. Il ira à l'alcool, il y trouvera un oubli fugitif, mais pas une consolation. » Avoir femme et enfants est insuffisant, c'est la qualité des relations entretenues qui crée le foyer. Le rôle du livre est ainsi dans cet espace qui sépare la famille de la non-famille ou fait basculer la première dans la dégénérescence morale symbolisée ici encore par l'alcool. Si les valeurs bourgeoises font bien reposer l'ordre social sur la famille, ceux qui s'intéressent à la famille ouvrière ne pensent pas que, laissée à elle-même, celle-ci puisse fonder un ordre stable. Le livre doit jouer le rôle d'un correctif en apportant à son lecteur une « récréation rationnelle » [Cavallo et Chartier, 1997], apte à intégrer familialement l'ouvrier et à apaiser les tensions sociales.

Les manières de percevoir la famille ont été affectées par les effets d'une triple révolution médicale, politique et culturelle.

Écrits hygiénistes, premières analyses du paupérisme, textes variés consacrant la figure de la rationalité ramassée dans l'objectif éducatif mêlent référence scientifique et prise de position pratique au nom d'une interrogation ultime commune : dans quelle mesure un lien familial réformé permettrait-il d'asseoir les bases d'un ordre social stabilisé ? Aux frontières du champ scientifique et du registre des valeurs politiques, les fondateurs reconnus de la sociologie reprennent l'interrogation comme un défi lancé à la jeune science en gestation.

II / Individu, famille, société

Comment penser le lien social et le lien familial ? Les constats de leur crise commune n'épuisent pas les définitions théoriques que les premiers sociologues en proposent. Quatre grandes figures fondatrices sont isolées dans ce chapitre et dans les suivants.

Marquée par la Révolution, celle de l'aristocrate libéral Alexis de Tocqueville (1805-1859) ouvre la liste. Bien que l'apport de son œuvre ait longtemps été mal identifié en France, ses écrits sur la famille présentent un intérêt sociologique indéniable. Auguste Comte (1798-1857), héraut de la philosophie positiviste, invente pour sa part le mot « sociologie » et recommande de « savoir pour prévoir et prévoir pour pouvoir ». L'examen des premières pensées sociologiques puise aussi dans l'œuvre du conservateur catholique Frédéric Le Play (1806-1882), témoin des secousses politiques de 1830, 1848 et 1870, moments de crise qui marquent à jamais sa pensée, tournée vers la résolution de la question sociale. Comme Tocqueville, Le Play a été quelque peu oublié en France, tandis que, dans les pays anglo-saxons, son souvenir est toujours resté vivant [Kalaora et Savoye, 1989]. La dernière figure théorique sollicitée est celle d'Émile Durkheim (1858-1917), républicain, volontiers présenté comme le père fondateur de la sociologie française. Tous les quatre se penchent sur la famille pour étudier la société. Ils reconnaissent son caractère institutionnel, sa variabilité dans l'espace et le temps, et ils dressent les premières typologies sociologiques des liens familiaux.

1. La famille : un objet naturel pour la sociologie

Les sociologues du XIXe siècle considèrent la famille comme un corps intermédiaire naturel reliant l'individu à la société. À ce titre, elle offre au savant un observatoire privilégié pour découvrir les lois cachées du monde social : elle constitue une double entrée théorique et méthodologique.

Famille et état social (Tocqueville)

Explorant les effets de l'égalitarisme sur les institutions sociales, Tocqueville souligne qu'il « n'est peut-être pas inutile de faire voir comment ces changements qui ont eu lieu dans la famille sont étroitement liés à la révolution sociale et politique qui achève de s'accomplir sous nos yeux » [1840].

L'organisation de la famille dépend selon lui de l'organisation de la société, sa forme et son fonctionnement interne variant plus précisément en fonction de l'*état social* environnant. Le sociologue qui souhaite comparer des types familiaux est en conséquence invité à comparer des types sociaux, opération qui met en lumière le caractère social et historique de l'institution familiale. L'état social est apparenté à un principe explicatif, il est considéré comme la « cause première de la plupart des lois, des coutumes et des idées qui règlent la conduite des nations ; ce qu'il ne produit pas, il le modifie » [1835]. Lecteur de Montesquieu, Tocqueville souligne nettement la primauté du social sur le politique. L'étude de la famille doit permettre de vérifier l'idée maîtresse de l'ouvrage, à savoir qu'un état social démocratique, fondé sur l'égalisation croissante des conditions de vie, sur l'essor d'une société de marché au sein de laquelle la mobilité sociale est accrue et où les positions ne sont plus fixées par la naissance, imprègne de ses caractères l'ensemble des institutions sociales présentes en son sein. La démocratie est ici à la fois modèle d'appréhension de la réalité *et* objet d'une observation directe puisque Tocqueville découvre la société américaine grâce à un voyage, réalisé en 1831 avec son ami Gustave de Beaumont dans le but d'étudier le système pénitenciaire. Il parvient à l'étude de la famille par voie déductive et, en outre, par souci de cohérence puisqu'il a déjà étudié les conséquences de l'état social démocratique sur d'autres institutions, croyances, attitudes et conduites des Américains.

La famille : le véritable élément sociologique (Comte)

Dans ses travaux consacrés à l'étude de l'ordre social — ou statique sociale —, Comte s'applique pour sa part à définir le « vrai régime domestique indiqué par la saine connaissance de notre nature » [1852]. Sa formule exprime simultanément son ambition scientifique, la valorisation du modèle des sciences de la nature — le modèle positif —, et la vocation pratique de la sociologie appelée à définir les conditions d'un ordre social non pathologique fondé sur la vie familiale. L'objectif ne saurait toutefois être isolé. Comme Tocqueville, Comte ne pense pas que l'on puisse étudier séparément vie familiale et vie sociale. Si la famille est « la source et l'élément de la société », la société exerce une action autonome sur la première en vertu d'une *réaction* plus méconnue mais « non moins naturelle » [*ibid.*]. L'analogie avec la réaction chimique vient souligner le caractère naturel de la famille comme de la société. C'est ce caractère spontané qui garantit la possibilité d'une observation objective des corps sociaux élémentaires, comme la famille, ou complexes, comme la grande société. Le jugement porté par Comte sur la crise de la famille contemporaine illustre cet aspect. Encore plus critique des « faux dogmes » de la Révolution française, formés à ses yeux par l'égalitarisme, la souveraineté populaire et l'individualisme, que des effets du nouveau système industriel, Comte se méfie des constats trop rapides qui déduisent la dissolution de l'état social de la dégradation de la constitution domestique. S'il reconnaît là « le plus grave de tous les *symptômes* anarchiques », il souligne la capacité de résistance du groupe familial et une « tendance spontanée à former de nouvelles familles, plus homogènes et plus stables ».

La mise en garde de Comte permet de mieux percevoir le sens de son argumentation. Comme Durkheim à sa suite et selon le modèle médical dominant, Comte n'analyse pas la maladie sociale, repérable par sa symptomologie, indépendamment de l'état normatif formé par la santé sociale : les dérèglements observés dans la sphère domestique n'oblitèrent pas les cas normaux. Bien plus, c'est la persistance des liens familiaux qui révèle l'« axiome élémentaire de la sociologie statique : la société humaine se compose de familles, et non d'individus » [*ibid.*]. La famille constitue en ce sens « le véritable élément sociologique », la moindre société. Par comparaison, les cas de pathologie domestique fournissent à Comte un révélateur expérimental de la normalité de la famille comme structure élémentaire naturelle et spontanée de l'ordre social. Si cette sociologie se concentre temporairement sur la définition de l'ordre domestique — sain —, accentuant ainsi la distinction entre vie privée et vie publique, ce n'est qu'en vertu du principe selon lequel l'étude de l'élément simple doit précéder celle de l'élément plus complexe. La famille fournit l'entrée théorique qui permet d'étudier la manière dont les hommes sont liés, elle ne forme pas le but de l'analyse mais est valorisée comme chaînon social.

La famille : image de la société (Le Play)

Le postulat leplaysien s'énonce clairement. « La société se compose non d'individus isolés et indépendants, mais de familles » [1879], et la structure d'une société donnée varie en fonction du « régime de famille » qui prévaut et sur lequel elle repose [1871]. Organisation sociale et organisation familiale sont intimement liées, la première exprimant en quelque sorte à grande échelle la seconde puisque, « aux proportions près, la famille est l'image exacte de la société » [1879]. Cette prise de position implique une conception du lien social et désigne à l'enquêteur l'objet empirique à sélectionner : la famille forme la seule unité d'observation pertinente.

Si l'énoncé de départ se confond formellement avec celui de Comte, le noyau théorique de la sociologie leplaysienne repose toutefois sur un travail de terrain. C'est vers 1840 que l'ingénieur sociologue met au point sa méthode reposant sur l'observation monographique de familles ouvrières. Exposée quinze ans plus tard dans *Les Ouvriers européens* [1855], elle décrit les moyens d'existence et le mode de vie de la famille ouvrière et fournit un dispositif d'accès et de connaissance spécifique et privilégié de la constitution sociale en général, des rapports noués entre classes laborieuses et classes possédantes en particulier. En son cœur, le *budget familial* forme l'outil qui permet d'objectiver les activités de la famille observée à travers la présentation de ses recettes et de ses dépenses annuelles. La production de données chiffrées vient garantir la scientificité de l'étude, le budget formant un instrument de formalisation de la vie sociale. C'est la place qu'il occupe dans la monographie qui traduit sans doute le mieux le statut théorique que la famille occupe dans l'œuvre leplaysienne. Le budget est précédé d'« observations préliminaires définissant la condition des divers membres de la famille » : sont recensées des informations sur le cadre de vie, l'état civil et l'histoire de la famille, ses habitudes morales. Des données chiffrées relatives aux moyens et au mode d'existence de la famille complètent ces renseignements, l'inventaire dressé s'intéressant aussi bien aux propriétés qu'à l'argent, aux animaux, au matériel à usage professionnel, au mobilier, aux ustensiles, au linge du ménage et aux vêtements. Le budget familial est ensuite présenté, suivi d'une troisième partie relative aux « éléments divers de la constitution sociale » : le mode de transmission des biens, l'organisation sociale et l'utilisation de l'épargne familiale sont examinés.

La présence de la dernière partie exprime un présupposé essentiel de l'approche de Le Play : si les familles sont à la source de la vie sociale, l'organisation de celle-ci forme aussi un cosmos contraignant pour l'univers domestique. À l'appui de la retranscription des activités familiales, l'analyse du budget permet d'entrevoir le degré d'autonomie du groupe domestique, la manière dont ses travaux lui garantissent ou non son autosuffisance et lui permettent éventuellement d'*épargner* et de faire progresser ses conditions de vie matérielles grâce à sa « prévoyance », c'est-à-dire à une attitude morale qui la préserve d'un glissement vers la misère : sur ce point, Le Play peut être rapproché de Villermé. En accordant une place de choix à l'environnement social, la sociologie leplaysienne pose ainsi l'existence d'un lien entre famille et société, elle engage avant tout des observations sur les relations qui s'établissent entre les deux. En ce sens, et ainsi que l'a remarqué Halbwachs [1913], la richesse d'une monographie n'est pas concentrée en son cœur budgétaire, mais bien plus dans les rapports noués entre celui-ci et les autres éléments du cadre global. L'analyse de ces rapports introduit l'étude théorique de la *fonction sociale* de la famille et de sa *place morale* dans la société. Si l'objet théorique et l'objet empirique se confondent en se concentrant dans le budget familial, c'est pour mieux comprendre le « fonctionnement du système social pris dans sa totalité », saisi comme un ensemble cohérent mais susceptible d'être atteint de dysfonctionnements [Lazarsfeld, 1970]. Pas plus que Comte Le Play ne s'intéresse aux familles en elles-mêmes.

La famille : un fait social (Durkheim)

Durkheim manifeste un intérêt profond pour la famille. C'est lui qui, jusqu'à sa mort, se charge de la rubrique « Organisation domestique » de *L'Année sociologique*, la revue qu'il fonde en 1898. Dans un cours introductif à la sociologie de la famille professé dix ans plus tôt, bien avant la publication des œuvres majeures des années 1890, Durkheim énonce déjà les objectifs dont il ne se départira plus par la suite [1888]. Récusant toute explication psychologisante et appelant de ses vœux la constitution d'un classement des sociétés, il s'attache à l'étude de la famille qui constitue, selon lui, l'« espèce sociale » la plus ancienne et la plus « simple » qui soit. La famille forme en ce sens un type naturel, objectif. On identifie dans toute l'œuvre cette insistance à définir le social sous l'angle de son caractère spontané, de sa réalité propre, l'organisation familiale ne pouvant, selon l'auteur, être réduite à la mise en œuvre des idées que l'homme se fait sur la famille sans verser dans les prénotions. Bien au contraire, critiquant à cette occasion la quête leplaysienne d'un modèle familial sélectionné à l'aune de passions personnelles, Durkheim propose d'examiner les types familiaux « avec la curiosité impartiale que le naturaliste ou le physicien apportent à leurs investigations », en respectant la « nature des choses » [*ibid.*]. Pour atteindre la structure d'un type familial réel en écartant les préjugés, l'identification de pratiques collectives, régulières et constantes s'impose. Ces éléments, qualifiés de « coutumes », seront reconnaissables grâce à leur extériorité et à la contrainte qu'ils exercent sur les individus. À travers l'exemple de la famille, Durkheim définit l'objet d'étude qu'il assignera à la jeune discipline : le *fait social* [1895]. C'est à ce titre que l'analyse sociologique doit s'appuyer sur la démographie, le droit et les mœurs accessibles à travers les sources ethnographiques et historiques.

Comme les trois autres auteurs, Durkheim n'isole donc pas la famille de son environnement, du milieu social qui l'abrite. Un aspect l'illustre avec force. Durkheim s'intéresse prioritairement à la famille contemporaine, inscrite dans la société libérale, industrielle et démocratique européenne. Or, en définissant les relations principales qu'elle engage, il s'arrête sur celle qui la rattache à l'État, expression de la liaison entre la sphère domestique et la sphère sociale. En affirmant que l'État « vient se mêler à la vie domestique et en devient même tous les jours un facteur plus important » [1892], Durkheim met l'accent sur les forces de structuration externes qui pèsent sur la famille, en d'autres termes sur sa définition sociale.

2. La famille : une institution communautaire

La critique des conceptions contractualistes de la famille

• *La famille n'est pas un artifice.* — Valorisant le modèle positif des sciences de la nature pour rompre avec la spéculation métaphysique, les fondateurs de la sociologie française considèrent la famille comme un objet naturel, observable et explicable. Mais cet argument scientifique ne saurait en occulter un autre, plus politique, car c'est également par rapport à la Révolution française que les sociologues se situent [Nisbet, 1984]. Convaincus de se référer à Rousseau, les législateurs révolutionnaires, d'une part, avaient tenté d'abolir toute association partielle qui contrasterait avec la volonté générale, la célèbre loi Le Chapelier promulguée en 1791 supprime ainsi les corporations ; d'autre part, ils souhaitaient introduire au cœur d'une association particulière, la famille, un égalitarisme strict de ses membres. Ainsi, certaines dispositions législatives, comme le divorce et la limitation de la puissance paternelle, reflètent la tentative de généraliser le principe du *contrat* à toute la société. Dans la conception rousseauiste, la famille ne constitue pas une unité organique mais repose sur la volonté de ses membres d'entretenir le lien. Cette caractéristique est tout particulièrement observable lorsque les enfants grandissent et quittent un père dont ils n'ont plus besoin. En cet instant, chacun recouvre son indépendance, le sentiment de redevabilité de l'un et des autres en matière de soins ou d'obéissance s'efface : « Le lien naturel se dissout » et « s'ils continuent de rester unis ce n'est plus naturellement, c'est volontairement, et la famille elle-même ne se maintient plus que par convention » [Rousseau, 1762].

Si parfois leurs positions ne sont pas sans rappeler cet aspect volontariste du lien familial, les sociologues du XIXe siècle refusent néanmoins d'adhérer intégralement à cette représentation théorique. La sociologie devait naître en abandonnant toute conception universalisante de l'homme, en évitant de le considérer « comme une incarnation particulière d'une humanité abstraite » [Dumont, 1983]. La réfutation la plus radicale de cette vision est peut-être fournie par le penseur réactionnaire de Maistre, notant polémiquement qu'« il n'y a pas d'homme dans le monde. J'ai vu dans ma vie des Français, des Italiens, des Russes, etc., je sais même grâce à Montesquieu qu'on peut être persan ; mais quant à l'homme, je déclare ne l'avoir rencontré de ma vie ; s'il existe, c'est bien à mon insu » [1797]. L'homme est un être social, n'existant qu'en vertu de son insertion dans un réseau de corps intermédiaires, et inscrivant ses actions dans des cadres collectifs. Le social est saisi par la médiation de ces corps reliant l'individu et la société. Pour cette raison, admettre le caractère entièrement contractuel de la famille était théoriquement difficile à assumer. L'attitude des sociologues à l'égard de la famille est ambivalente, tiraillée entre la découverte de la place occupée par l'affection dans les relations familiales et le refus de faire reposer le maintien de l'institution exclusivement sur l'élection.

C'est dans cette perspective que considérations scientifiques et références aux valeurs se mêlent. Durkheim est l'un des critiques les plus féroces des contractualistes également qualifiés d'artificialistes. Dans son manifeste de méthode, il affirme que « le caractère conventionnel d'une pratique ou d'une institution ne doit jamais être présumé » [1895] parce que la société repose sur des institutions, qui forment le véritable objet de la sociologie. Or, cet énoncé méthodologique engage d'autres considérations, comme l'illustre la position critique de l'auteur à l'égard du divorce par consentement mutuel. Pour Durkheim qui, on le verra, accorde dans son analyse du mariage une place importante à l'affection, la famille, même si elle lie juridiquement ses membres, ne se réduit pas à son expression légale. Si le divorce résultait du seul consentement des époux, le mariage devrait lui aussi reposer sur la seule volonté des conjoints, ce qui, pour Durkheim, est manifestement en contradiction avec la nature de l'institution. Son approche épouse ici celle du philosophe Hegel, qui, dès 1821, soutient dans *La Philosophie du droit* qu'on « ne peut subsumer le mariage sous le concept de contrat ». En son cœur même, il y a en effet autre chose : le mariage donne naissance à des obligations qui sont certes contractées volontairement, mais qui deviennent par la suite indépendantes des volontés individuelles. La présence d'enfants modifie la nature de l'engagement initial : devenus parents, les conjoints « se doivent à d'autres êtres qu'eux-mêmes », à des fins supra-individuelles. Si les devoirs réciproques de l'époux et de l'épouse et ceux des parents envers leurs enfants ne dépendent pas des arbitrages particuliers, « comment donc les volontés individuelles suffiraient-elles à les modifier aussi gravement que fait le divorce ? » [Durkheim, 1906]. Sans faire intervenir de véritables arguments sociologiques, Durkheim s'appuie sur l'intérêt de l'enfant pour rejeter la thèse de la contractualisation de l'institution matrimoniale.

Famille et communauté

De nombreux penseurs mettent l'accent sur les groupes intermédiaires entre l'individu et la société parce qu'ils ne pensent pas que le lien social trouve des garanties suffisantes dans l'agrégation d'individus séparés. Ils recourent au concept d'*institutions* pour désigner ces corps intermédiaires. Le terme n'est pas inventé pour l'occasion. Bien plus ancien, il assume toutefois un sens nouveau au XIXe siècle. L'institution familiale est pensée dans la continuité immédiate de la société, ce que révèle la terminologie employée : Comte parle de « famille humaine » et Durkheim de « société domestique ».

Si la famille contribue à nourrir le lien social, c'est parce que, en tant qu'institution, son fondement ne repose pas sur un contrat, mais sur un type particulier de lien : celui formé par la *communauté*. On doit au sociologue allemand Ferdinand Tönnies (1855-1936) la conceptualisation de cette notion dans son célèbre ouvrage, *Gemeinschaft und Gesellschaft* [1887]. Il est l'un des premiers à opposer le Moyen Âge et la communauté à l'époque contemporaine et à la société. Chaque période abrite des structures et des comportements sociaux différents. Définis par rapport à la « volonté organique » qui les anime, les liens de parenté, de voisinage et d'amitié, concrétisés dans la famille, les paroisses, les corporations et les confréries, sont communautaires. Ils forment les relations originelles, au fondement naturel, biologique et affectif, qui sécrètent un esprit de groupe, source d'union et de stabilité. Prenant sens par rapport à une « volonté réfléchie », la société contemporaine qui se développe incarne au contraire la rationalisation, les contrats, l'ère productive, commerciale. Elle repose sur des relations artificielles, valorisant les intérêts individuels, fondées sur le calcul et l'égoïsme, sources de la disparition des liens de solidarité et de la crise des normes. L'opposition Moyen Âge/société contemporaine n'est pas seulement méthodologique, elle implique une conception de l'histoire puisque la communauté précède la société et, bien plus, fait figure de modèle de relations sociales. La communauté médiévale fournit en fait un « ordre positif » opposé au présent « négatif et révolutionnaire » [Oexle, 1992]. Simpliste, l'opposition révèle néanmoins la force du modèle de la représentation communautaire du monde social, la famille pouvant fournir l'élément intermédiaire, restaurateur du lien. La communauté représente pour beaucoup la source par excellence de l'intégration sociale, elle en symbolise en quelque sorte l'archétype [Nisbet, 1984].

3. Typologies des liens familiaux et sociaux

Le caractère socio-historique de la famille

En définissant le caractère institutionnel de la famille, les sociologues affirment son *historicité*, sa variabilité. La famille n'est pas un corps abstrait du reste de la société, sa forme et son contenu dépendent du contexte social. Tocqueville et Le Play par l'intermédiaire de leurs voyages, Durkheim grâce aux lectures de voyageurs et d'ethnologues, Fustel de Coulanges et Weber grâce à l'histoire, tous soulignent le caractère socio-historique de l'institution familiale. L'étude de la famille devient ainsi inséparable de l'étude d'une configuration particulière qui lui confère ses traits principaux. Cette méthodologie pousse les théoriciens à approcher les formes familiales en établissant des typologies (Tocqueville, Le Play), en distinguant des périodes historiques (Fustel de Coulanges) ou en retraçant éventuellement leur évolution (Comte, Durkheim). Ils achèvent de développer la méthode élaborée par Montesquieu dans *De l'esprit des lois* [1748]. Dans cet ouvrage, une véritable révolution épistémologique était en marche : il ne s'agissait plus de discuter abstraitement des formes revêtues par la politique, il fallait montrer que les différences entre les institutions pouvaient être mises en relation avec les contraintes exercées par la société [Jonas, 1991]. La *dimension comparative* caractérisera la plupart des travaux réalisés sur la famille.

La mise en relation des transformations familiales et des transformations sociales se fait parfois au prix d'un certain évolutionnisme, trait commun pour l'époque. On peut s'étonner de l'oubli dans lequel sont tombées ces analyses. Dans un important ouvrage consacré à la comparaison, Smelser [1976] omet de prendre en compte Le Play et, en évoquant Tocqueville, ne mentionne pas la comparaison établie à partir de la famille américaine. Les paragraphes qui suivent voudraient en rappeler l'intérêt.

Famille aristocratique et famille démocratique (Tocqueville)

Évoquant le cas américain, Tocqueville affirme que « la famille, en prenant ce mot dans son sens romain et aristocratique, n'existe point » [1835]. C'est que le détour par la famille américaine lui permet de la comparer à la famille européenne qui, certes, ne forme pas un type pur, mais conserve néanmoins de nombreux traits de l'état social aristocratique. Du côté américain, l'élément le plus important pour caractériser la famille est l'aplanissement des relations entre les générations et, en particulier, l'affaiblissement du souci de perpétuation de la lignée. C'est cet élément qui commande toute la série des transformations que Tocqueville détecte et examine à la lumière de l'exemple européen. Si, chez les peuples aristocratiques, « les familles restent pendant des siècles dans le même état, et souvent dans le même lieu », chez les peuples démocratiques au contraire, « de nouvelles familles sortent sans cesse du néant, d'autres y retombent sans cesse, et toutes celles qui demeurent changent de face » [1840]. Les conditions de développement d'un sens de la continuité des générations n'existent plus. On ne conserve guère, sinon pas, la mémoire des ascendants et l'on ne se soucie pas des descendants. La famille relevant de ce type de société s'inscrit dans un temps court, celui des relations familiales immédiatement remémorables, et la conclusion péremptoire de Tocqueville ne prend sens qu'en rapport à ce contexte : « Les proches seuls intéressent » [*ibid.*]. Quand la filiation semble s'arrêter à la génération suivante, la définition sociale du mariage enregistre une revalorisation, et la visibilité du lien conjugal se trouve accrue.

Tocqueville identifie un second facteur de la vie familiale du côté des lois qui « saisissent en quelque sorte les générations avant leur naissance » [1835]. Le droit de succession est ici au cœur de l'attention. Là où la succession s'organise autour du droit d'aînesse, la terre est transmise de génération en génération, sans se diviser. Tocqueville remarque qu'« il résulte de là que l'esprit de famille se matérialise en quelque sorte dans la terre. La famille représente la terre, la terre représente la famille ; elle perpétue son nom, son origine, sa gloire, sa puissance, ses vertus » [*ibid.*]. La terre est héritage en même temps qu'assurance sur l'avenir. En revanche, là où les lois de succession établissent le partage égalitaire, « la famille ne se présente à l'esprit que comme une chose vague, indéterminée, incertaine » [*ibid.*], et chacun n'est plus occupé que par le présent et l'établissement de la génération suivante. En opposant la famille aristocratique à la famille démocratique, Tocqueville est l'un des premiers à élaborer une véritable sociologie des relations familiales.

L'avènement historique d'un protectorat familial (Comte)

L'histoire comtienne de la famille se confond avec l'histoire de son origine et de ses progrès : elle est l'institution qui doit parvenir, au sein de la société industrielle, à l'étape positive de son évolution. Elle est valorisée en tant que « première base indispensable de l'amour universel, but définitif de notre éducation morale » [1851]. Elle s'est transformée au fil des siècles, se préparant à mieux assurer son rôle. C'est dans les textes consacrés à la philosophie de l'histoire que Comte traite de l'influence du stade fétichique, situé dans l'Antiquité, sur la sociabilité privée. Cette phase, pendant laquelle les hommes créditent les objets d'une vie propre, marque l'avènement historique d'un type familial décisif pour le progrès de l'humanité. Si la polygamie est encore la règle, elle forme néanmoins le « premier mode du mariage humain » [1853] et manifeste avec force la transmutation progressive de l'instinct sexuel au profit d'une forme d'attachement liant l'homme et la femme. Le régime fétichique instaure une forte division sexuelle des rôles en libérant la femme des travaux pratiques par l'institution d'un principe fondamental de la constitution domestique : « L'homme doit nourrir la femme » [*ibid.*].

L'histoire permet ici à Comte d'identifier le fondement d'une recommandation qui trouve un large écho dans les débats contemporains, on l'a vu. N'étant pas obligée de travailler, l'épouse peut se consacrer à une existence domestique apte à développer son action morale modératrice fondée sur le principe de l'amour. Le régime fétichique joue ainsi un rôle déterminant en consacrant les germes des sentiments spontanés les meilleurs, ceux de solidarité notamment. Si elle ne forme pas un idéal, la polygamie permet cependant de multiplier les alliances familiales et joue en ce sens le rôle d'un « correctif » en atténuant les luttes entre peuplades et en produisant du lien social dans une société dont la première caractéristique est son orientation militaro-conquérante.

Ayant dressé l'acte de naissance de la famille en la rapportant au fétichisme, premier état de développement de l'intelligence humaine, Comte s'attache à penser la famille positive au terme de la transition révolutionnaire en prenant pour modèle la chevalerie du Moyen Âge. Cette orientation permet d'identifier plus précisément la contribution de la famille au maintien du lien social. L'institution chevaleresque répond à un besoin fondamental en organisant un « protectorat volontaire envers tous les faibles » [1851]. Dans la société industrielle déstabilisée, la reprise du modèle des mœurs chevaleresques parmi les chefs temporels doit favoriser l'épanouissement de formes de générosité plurielles — en argent ou en activité et dépense d'énergie —, orientées vers la défense des opprimés, qu'il s'agisse des prolétaires, des femmes ou des philosophes. La théorie comtienne traduit bien les inquiétudes de l'époque : l'auteur sélectionne l'institution chevaleresque parce qu'elle répond au besoin fondamental de rendre solidaires les hommes en fondant un « protectorat ». Elle produit du *dévouement*, elle forme le principe actif d'assistance mutuelle sur lequel misent les philanthropes du XIXe siècle. La famille doit s'organiser sur ce modèle pour assumer son rôle réformateur et être instrument de régénération sociale. C'est à ce prix qu'elle deviendra la « base évidente de la société » et que la principale fonction de l'existence politique consistera symétriquement « à consolider et à perfectionner l'existence domestique » [1851]. En diffusant dans le corps social le principe du protectorat, la famille se ferait pilier de l'ordre social.

Famille patriarcale, famille-souche, famille instable (Le Play)

Selon Le Play, l'organisation d'une société empiriquement observable est toujours conforme à la nature humaine dans la mesure où les individus se groupent en unités sociales familiales comprenant au moins les parents et leurs enfants. Les relations intrafamiliales peuvent néanmoins varier, ce qui conduit l'auteur à souligner la spécificité des types familiaux. Sa typologie repose sur l'examen des modes de transmission du patrimoine alors que, dans l'œuvre de Tocqueville, cet élément est certes décisif mais il n'oriente pas exclusivement l'analyse. La *famille patriarcale* forme un premier type dégagé par Le Play. Soucieuse du maintien du patrimoine et de la tradition, elle valorise la désignation d'un héritier et offre les caractéristiques d'un modèle stable comparable à celui de la famille-souche. Elle s'en distingue néanmoins en n'imposant pas le célibat et en permettant à tous les enfants de se marier. Devenus époux, les enfants ne quittent pas pour autant le foyer paternel, situation pouvant susciter des relations oppressives et routinières. Plutôt diffusé en Orient, ce type familial intéresse moins Le Play que ceux qu'il observe en Occident et encore plus en France où le sociologue dénonce les effets néfastes du Code civil sur l'organisation sociale. Le partage égalitaire du patrimoine entre les enfants créait, selon Le Play, des conditions peu favorables au maintien d'une organisation sociale reposant sur des unités familiales désormais éclatées. La loi modifie les anticipations du père de famille qui sait que son entreprise sera divisée, que ses efforts pour constituer un bien plus étendu seront annihilés par la législation révolutionnaire. De leur côté, sûrs d'hériter, les enfants ne seraient plus poussés à travailler avec ardeur. Comme Tocqueville, Le Play identifie dans le partage égalitaire un facteur de dissolution du sens de la continuité familiale, mais, à la différence du premier, il le déplore ouvertement.

La critique du Code civil est centrale, elle seule donne sens à la valorisation leplaysienne du type anciennement dominant en Europe de la *famille-souche*, considéré significativement comme le « vrai modèle signalé par l'histoire de toutes les races et de tous les temps » [1871]. Le Play pense retrouver ses traces dans certaines régions peu touchées par l'industrialisation [Flandrin, 1976]. L'organisation familiale est structurée par la propriété de la maison d'habitation transmise de génération en génération. L'aîné — seul autorisé à se marier et à avoir des enfants — en hérite intégralement en même temps qu'il reprend la profession de son père. L'héritier est ainsi le garant de la continuité, de la tradition, de la perpétuation du patrimoine. Le capital foncier n'est pas divisé, la maison est au cœur de l'identité familiale, l'intérêt des individus qui y vivent ne se réalisant qu'en travaillant à l'intérêt du groupe domestique tout entier. L'harmonie des intérêts, l'élimination des conflits sont assurées par la soumission des membres du groupe à la figure paternelle, puis fraternelle quand le père disparaît. Les cadets peuvent passer toute leur vie dans la maison familiale à condition toutefois de rester célibataires et sans descendance. Ce choix implique le respect de l'autorité du chef de famille, préférable à l'autorité d'un quelconque patron de la société industrielle puisqu'elle est tempérée par l'affection réciproque. Quant aux cadets de sexe masculin préférant émigrer ou aux filles se mariant, ils sont dotés sur les revenus du groupe familial : puisque le capital foncier n'est pas engagé, les cadets ont tout intérêt à travailler avec âpreté dans la mesure où c'est le travail collectif organisé par le père qui permettra de dégager des dots et fournira la possibilité de quitter le toit familial. Favorable à cet usage, Le Play propose de substituer à la logique égalitaire « une société méritocratique avec des héritiers méritants et des épouses recherchées pour leurs mérites » [Gotman, 1988]. La maison familiale forme le cœur d'une unité économique où l'on acquiert aussi, dès l'enfance, le sens des hiérarchies dans un environnement où l'affection soutient les énergies. L'étude de la famille-souche permet donc à Le Play de repérer les fonctions sociales qui conditionnent l'ordre familial et l'ordre social, tous les deux gérontocratiques [Chenu, 1994].

Le dernier type leplaysien est celui de la *famille instable*. Caractéristique de la société industrielle, il s'oppose à celui de la famille-souche. Il est formé du couple et de ses enfants célibataires. Les enfants ne restent pas au domicile parental lorsqu'ils se marient. Ils fondent à leur tour une famille mais dont la taille est relativement limitée, menaçant la société de dépopulation, crainte diffusée à l'époque, on l'a vu. Ce type familial apparaît instable dans la mesure où il n'est pas attaché à une maison — un foyer — qui, en quelque sorte, le fixerait en un lieu et assurerait la continuité des générations. Louant souvent son logement, mobile, la famille instable se rétrécit peu à peu inéluctablement avec le départ des enfants adultes et disparaît tout à fait avec la mort des parents, divisant l'héritage, ne laissant rien derrière elle et n'ayant pas poussé les frères et sœurs à nouer de solides liens entre eux. L'éducation scolaire ne peut corriger cette lacune : si elle dispense une discipline, celle-ci est sans amour, le maître étant un étranger pour l'enfant. En fait, selon Le Play, l'école développerait plutôt l'esprit individualiste. Son action ne compense pas celle, défaillante, de la famille. N'étant plus créatrice de lien, étriquée, malthusienne, la famille instable s'autodissout : si la société repose sur la famille et que c'est ce type familial qui se développe, l'avenir paraît menacé. Le jugement de valeur défavorable de

Le Play se lit jusque dans l'adjectif choisi pour désigner cette organisation domestique : la famille instable ne peut prétendre fournir les assises d'un ordre social.

La conjugalisation de la famille (Durkheim)

Durkheim confronte lui aussi les relations familiales avec des changements sociaux généraux. Toutefois, faute de disposer d'un classement fiable et systématique des différentes formes de la vie domestique, il propose la réalisation d'une étude historique et se penche sur la genèse de la famille européenne de la fin du XIXe siècle dans le but d'observer quelles formes de vie domestique, appartenant à des époques révolues, sont combinées en son sein. À la différence de Comte cependant, cette étude ne s'inscrit pas dans une philosophie de l'histoire orientée vers l'identification du progrès en marche. Durkheim souhaite décrire objectivement les caractères de la famille contemporaine « tels qu'ils se sont dégagés d'une longue évolution pour se fixer dans notre Code civil » [1892]. Cet objectif permet également de le distinguer de Le Play, qui ne peut considérer le Code que comme un coup de force atteignant l'ordre naturel dominé par la double figure de Dieu et du père. Pour Durkheim au contraire, ce texte marque l'aboutissement objectif de transformations familiales déjà avérées. Ce sont donc l'origine et les mutations de la famille qui intéressent prioritairement Durkheim. L'étude du passé doit permettre de rendre compte du présent. C'est d'ailleurs à propos de la connaissance sociologique sur la famille que Durkheim prononce dans un cours cette maxime devenue célèbre : « Si loin que nous remontions dans le passé nous ne perdons jamais le présent de vue » [1888].

Quelles mutations Durkheim observe-t-il ? Sans préjuger d'une influence directe associée à la lecture de *De la démocratie en Amérique*, héritage jamais revendiqué par Durkheim, qui a assurément lu cette œuvre [Filloux, 1977], on note qu'à bien des égards Tocqueville semble un précurseur de Durkheim : le portrait brossé de la société américaine et de l'état démocratique semble anticiper d'un demi-siècle des tendances agissant dans le monde occidental et observables en France à l'aube du XXe siècle. Sans que, à la différence de Tocqueville, ses conclusions reposent sur une enquête de terrain, Durkheim observe dans le type de famille qui a précédé celui des sociétés contemporaines les mêmes caractéristiques que celles relevées par Tocqueville pour qualifier la famille de l'état social aristocratique : le père « était un législateur et un magistrat, et toutes les relations familiales étaient soumises à une véritable discipline » [1925]. Surtout, Durkheim prend acte des transformations qui font qu'« il n'y a rien qui rappelle cet état de dépendance perpétuelle qui était la base de la famille paternelle » [1892]. La dimension intergénérationnelle ne forme plus l'élément essentiel structurant la relation familiale. Par comparaison, Durkheim qualifie le groupe domestique européen contemporain de *famille conjugale* [*ibid.*] : puisque les seuls éléments permanents de ce type familial sont les époux, puisque leurs enfants finissent tôt ou tard par quitter la maison paternelle, le couple central nourrit la définition théorique sans pour autant la valoriser sur le plan pratique [de Singly, 1993*a*]. Proche de Tocqueville là encore, Durkheim se révèle symétriquement éloigné de Le Play, dont l'attachement perceptible à la dimension de la continuité familiale entravait la perception du lien familial horizontal.

On vient de voir que, si la famille occupe une place théorique non négligeable dans des œuvres pourtant différentes, c'est parce que les sociologues identifient le plus souvent en elle un catalyseur social, une institution susceptible de lier les individus indépendamment de leurs volontés personnelles et de leurs intérêts individuels. Ce constat ne revient pas nécessairement à plébisciter la famille sans restriction, il introduit plutôt une réflexion sur le statut de l'institution familiale et ses avantages relatifs comparativement à d'autres types de groupements sociaux.

III / Les effets sociaux de la vie familiale

L'attention portée par les premiers sociologues aux fonctions familiales et à leur efficacité socialisatrice s'explique par leur valorisation des corps sociaux intermédiaires. Leurs interrogations sur l'efficacité sociale de la vie familiale traduisent un autre souci. La quête du bonheur privé peut-elle garantir une forme de bonheur public ? La satisfaction des intérêts individuels est-elle conciliable avec le bien-être général ? Le questionnement n'est pas nouveau, il en masque un autre, relatif à la place des passions dans la vie sociale. Les sociologues refusent de faire confiance à la main invisible d'Adam Smith ou aux abeilles de la fable de Mandeville : les vices privés n'assurent pas le bien-être public selon eux. Dès lors, il devient crucial d'entraver l'influence néfaste des passions en les régulant. Le travail de la raison, le regard scientifique sont sollicités dans cette tâche qui paraît réalisable dans la mesure où, on l'a vu, la morale pourrait faire l'objet d'une science positive. La responsabilité de la sphère familiale est engagée à ce titre, rationnellement, les premiers sociologues insistant sur le rôle essentiel qu'elle est invitée à jouer en canalisant les passions privées — tout particulièrement l'égoïsme —, au cours du processus de socialisation de l'individu. La famille assure ainsi une fonction régulatrice primordiale pour le maintien du lien social : en bornant les passions, elle parvient à les métamorphoser en suscitant du *dévouement* et en contrecarrant les effets pernicieux de l'individualisation. Cependant, certains ne la créditent que d'une efficacité limitée.

1. La métamorphose des passions

Chagrins domestiques contre amour de l'ordre (Tocqueville)

La famille américaine est produite par l'état social démocratique, on l'a vu. L'analyse du monde domestique ne se clôt pourtant pas sur cette découverte car Tocqueville ne se contente pas de mettre en évidence le lien de causalité noué entre le type de société et la morphologie de l'institution qu'elle abrite. Il essaie aussi d'identifier la contribution de la famille au maintien de l'ordre social. Il évoque ce rôle lorsqu'il se demande quels éléments peuvent engendrer une société démocratique. En caractérisant la situation américaine, il remarque que trois facteurs sont à discerner : *a)* les causes providentielles comme les richesses naturelles du pays, l'absence d'ennemis puissants aux frontières, un territoire vaste et encore largement inexploré, etc. ; *b)* le type de lois en vigueur, qu'il s'agisse de la Constitution fédérale, des institutions communales ou du pouvoir confié aux magistrats ; *c)* enfin, les mœurs des Américains, c'est-à-dire leurs « habitudes du cœur » ainsi que leurs opinions et l'« ensemble des idées dont se forment les habitudes de l'esprit » [1835]. Au terme d'une longue discussion sur la contribution de ces trois éléments au maintien de la république aux États-Unis, Tocqueville estime le troisième le plus nécessaire, le premier apparaissant accidentel à ses yeux.

Ce sont donc les mœurs qui font les bonnes institutions démocratiques, mœurs qui à leur tour sont canalisées et orientées positivement par deux grandes sources de la morale américaine : la religion et la famille. Tocqueville ne cesse de constater au fil des pages que les Américains forment le peuple à la fois le plus libre et le plus religieux du monde, et que ces deux ordres de faits sont liés entre eux. La séparation entre l'Église et l'État, la tolérance envers toutes les Églises chrétiennes concourent à faire de la religion, libérée d'une alliance avec le trône qui la rend suspecte en Europe, un point fixe réglant la conscience des individus. Le jeu démocratique est par nature instable, avance Tocqueville. Les nombreuses élections requièrent du discernement dans le choix, fruit d'un jugement devant être sûr de lui. Cette maîtrise de soi vient de la religion, fin supra-individuelle qui règle la conduite de l'individu.

Si les croyances religieuses interviennent si profondément dans l'esprit humain, c'est toutefois par l'intermédiaire de la famille, de l'espace privé où elles sont transmises et intériorisées. Ainsi, la religion dirige les mœurs, et « c'est en réglant la famille qu'elle travaille à régler l'État » [*ibid.*]. Le produit de ces facteurs permet à la famille de contribuer à élaborer un individu autodiscipliné, responsable, investi du sens du devoir, qualités formant autant d'atouts pour évoluer dans un monde dominé par le libre-échange et par le vote politique.

La comparaison États-Unis/Europe vient encore une fois souligner un fait crucial : si la famille a des effets vertueux, si elle corrige les passions, son pouvoir est nécessairement dépendant d'autres éléments. La famille européenne a des effets sociaux négatifs quand sa consœur américaine, organisée sur d'autres bases, semble diffuser à l'ensemble du corps social ses bienfaits : « Tandis que l'Européen cherche à échapper à ses chagrins domestiques en troublant la société, l'Américain puise dans sa demeure l'amour de l'ordre, qu'il porte ensuite dans les affaires de l'État » [*ibid.*]. Des passions individuelles comme le désir de l'estime ou le goût du pouvoir « changent de caractère » lorsque la famille se révèle capable de les canaliser positivement. La vie domestique assume alors une fonction régulatrice en permettant que l'intérêt public découle de l'intérêt privé. Havre de paix et de tranquillité, la famille américaine pousse ses membres à mener la vie régulière qui, seule, est source de bonheur. Au contraire, l'Européen cultive les ferments du désordre social dans le foyer domestique, il apprend en son sein à mépriser les liens naturels gages d'ordre et de paix. En fait, la famille européenne développe selon Tocqueville l'instabilité des désirs humains, et, bientôt, ses membres portent dans la vie publique les passions qui les troublent, passions attisées par les effets de l'esprit révolutionnaire, symbole de désordre. En conséquence, loin de fournir un antidote à la crise du lien social, la famille européenne l'attise dans ses bases mêmes qui se révèlent instables, indifférentes à la nécessité de respecter les relations élémentaires qui soudent les hommes.

L'efficacité morale de la vie domestique (Comte)

Comte mise lui aussi sur l'institution familiale tout en pensant les limites de son efficacité. En définissant la nature de la morale positive, nourrie d'un principe d'amour universel, il pose l'existence d'une continuité entre l'individu, la famille et la société. Le lien familial forme l'élément transitionnel qui assure la montée en puissance de la sociabilité sur la personnalité, les deux états du cœur humain les plus opposés. Les affections de famille contribuent à l'élévation morale de l'individu, c'est pourquoi la vie domestique est perçue comme un maillon décisif de la chaîne sociale, elle est ce « lien naturel » nécessaire qui assure la métamorphose d'une existence strictement personnelle en une existence sociale, tournée vers et pour autrui [1851]. La famille canalise les passions.

Pour appuyer sa démonstration, Comte caractérise tout d'abord les relations familiales *involontaires* qu'un individu est amené à nouer en naissant, au début de son cycle de vie. L'*affection filiale* — qui développe le sentiment de la continuité des générations — est la première de toutes les manifestations d'essor du sentiment social dans la sphère domestique. Ce premier élan est bientôt relayé par un second, associé à une autre relation involontaire, l'*affection fraternelle*. Les rapports fraternels nourrissent des affections pures dans la mesure où elles n'engagent pas des comportements de protection, et ces relations se révèlent d'autant plus désintéressées que la coprésence des deux sexes tendrait à conjurer les risques de rivalité. Bien plus, la fraternité développe l'« affection domestique la mieux susceptible d'extension extérieure, et qui, en effet, fournit partout le type spontané de l'amour universel », autrement dit elle est source de solidarité [*ibid.*]. Nulle place pour des sentiments de concurrence dans la fraternité. La figure sociale de la fraternité, qui, on l'a souligné, oriente désormais les réflexions sur la pauvreté, est ici atteinte dans son germe privé.

À l'âge adulte, des relations *volontaires* prennent le pas sur les précédentes et, contrairement à elles, développent d'abord les sentiments de solidarité puis de continuité humaine. L'*affection conjugale* se révèle ici « la plus fondamentale de toutes », elle cristallise en quelque sorte le sentiment du dévouement sur la base d'un accord mutuel et de la garantie de l'indissolubilité du lien matrimonial [*ibid.*]. L'*affection paternelle* est la dernière chronologiquement à alimenter cette formation *spontanée* qui nous engage moralement en nous apprenant à aimer à la fois nos successeurs et nos subalternes. La vie de famille est ainsi naturellement dense de relations sociales. Tandis que l'enfant n'est encore lié qu'aux générations passées, l'individu devenu adulte se trouve désormais lié aux générations futures et réalise un type achevé porteur d'une sociabilité universelle. La famille a métamorphosé l'enfant aux intérêts égoïstes en un adulte aux sentiments évolués, riches de *dévouement*.

Si la famille forme une institution irremplaçable du point de vue de son efficacité morale, Comte identifie néanmoins en elle deux imperfections qui précisent le sens de sa démonstration. Il arrive en premier lieu que la famille contribue au développement excessif de la personnalité car « si, d'un côté, l'existence domestique est la plus propre à nous faire bien apprécier le charme de vivre pour autrui, elle nous place, d'une autre part, dans la situation qui permet le plus à chacun d'abuser des autres » [*ibid.*]. Il est donc inscrit dans le fonctionnement de la famille qu'elle puisse développer de l'égoïsme plutôt que de l'altruisme, ce qui explique qu'elle ait toujours suscité des jugements antagonistes parmi les philosophes. Toutefois, parce que la famille est sans cesse déterminée par les influences qu'elle reçoit de la société, elle développe surtout les instincts altruistes ou sympathiques, aptes à favoriser l'épanouissement des contacts sociaux. Et Comte de conclure à ce sujet que tel « est donc le perfectionnement nécessaire de la famille par la société, qui en épure sans cesse le caractère dominant de manière à réaliser de plus en plus sa grande destination morale » [1852]. L'effet positif surpasse l'effet négatif résiduel.

Une seconde imperfection se présente quand la famille suscite un égoïsme collectif du fait qu'elle fait prévaloir son unité sur celle de la société, formant par là même une sorte de petite contre-société. Cet inconvénient paraît presque inévitable à Comte, sensible au développement nécessaire des intérêts particuliers dans un groupe ou une association quelconques. Mais, là encore, il pense que la pression sociale adapte la famille « à une destination plus générale » [*ibid.*].

L'examen de ces deux imperfections naturelles révèle que l'efficacité morale de la famille n'est pas automatique, qu'elle pourrait même former l'exception. On ne peut véritablement la concevoir qu'à travers la médiation de la société. Le principe d'efficacité est donc en partie externe à la famille, c'est ce que révèle la prise en compte de ses imperfections naturelles.

La répression du mal (Le Play)

Pour Le Play également, le principe d'efficacité de la vie familiale est partiellement externe, il renvoie tout particulièrement à la dimension religieuse. Sa sociologie assigne en effet à la famille la fonction morale essentielle de métamorphoser la malignité. Le Play prétend réfuter une erreur dans laquelle s'égareraient les lettrés de l'époque, à savoir la croyance dans la bonté originelle de l'âme humaine et dans la nécessité de supprimer les institutions sociales qui la pervertissent. Critique de Rousseau, la conception de l'homme de Le Play est profondément inspirée du catholicisme. L'état de bonheur implique des institutions correctrices dans la mesure où l'âme humaine souffre d'une tendance universelle innée qui la porte vers le mal. Non réprimée, cette tendance engendre un processus de « ruine » sociale [1879]. Soumis à la possibilité de se tromper, corrompu par le péché originel, l'homme peut toutefois atteindre le bonheur individuel et collectif en acceptant la médiation de la forme institutionnelle familiale. La famille respectueuse de l'autorité paternelle et du Décalogue, source suprême de l'autorité morale, assure ainsi une fonction décisive. C'est la famille chrétienne qui sauve l'humanité et se sauve elle-même de la dégénérescence en socialisant ses membres au respect des hiérarchies. Un seul type d'organisation domestique apparaît toutefois assez puissant pour canaliser positivement les mauvais penchants des enfants et les corriger sous la double autorité du père et de Dieu, c'est celui de la famille-souche. En endiguant le débordement du vice sur la base du *dévouement* qui l'anime, l'institution familiale doit favoriser le développement des conditions sociales pacifiques du bonheur d'un peuple. Quand le lien familial est vertueux, il est la sève du lien social ; la soumission dans la vie quotidienne garantit le respect des autorités dans la vie sociale.

Passions et désenchantement de la vie familiale (Durkheim)

Si Durkheim prend acte des effets positifs de la vie familiale, son analyse est plus visiblement teintée de pessimisme que celle de Tocqueville, Comte ou Le Play. Selon lui, les passions se déchaînent dès que les bornes qui les canalisent tendent à s'effacer ou se font plus discrètes. Son jugement ne prend sens qu'en référence à sa conception générale des effets de la vie sociale, source de morale. La morale assume une fonction d'éducation essentielle, elle permet que l'individu soit soumis à une discipline continue, seule apte à neutraliser les effets négatifs des passions individuelles — notamment l'égoïsme —, évitant ainsi le développement de formes d'activité morbides. Lorsque l'individu est la proie de désirs inassouvis, lorsqu'il est tourmenté par le mal de l'infini, il ne peut en effet atteindre un état de bonheur et il souffre. Pour que le bonheur individuel s'accomplisse efficacement, chacun doit donc se soumettre à une règle qui borne ses désirs. Bien plus, si l'existence d'organes régulateurs est nécessaire, c'est non seulement pour former le caractère et la personnalité de l'individu, mais essentiellement pour le rendre homme car, d'après Durkheim, « la nature de l'homme ne peut être elle-même à moins d'être disciplinée » [1925]. L'orientation méthodologique de Durkheim reçoit là sa justification morale la plus haute : « Nous ne sommes des êtres moraux que dans la mesure où nous sommes des êtres sociaux » [*ibid.*]. L'individu est pénétré par la société tout entière, qui doit l'attacher à des fins qui le dépassent et l'aident à réaliser sa pleine nature.

Quelle place occupe la famille dans ce contexte ? Elle assume le rôle d'organe régulateur partiel, elle sécrète une morale particulière et mérite d'être saluée à ce titre. Dans *Le Suicide*, Durkheim illustre sa position en remarquant que la vie de célibataire implique un contingent de morts volontaires supérieur à celui enregistré dans les cas où il y a vie de famille [1897]. La famille forme un « puissant préservatif » contre le suicide et son action se révèle d'autant plus complète qu'elle est plus « dense », c'est-à-dire qu'elle « comprend un grand nombre d'éléments ». Lorsque le nombre de personnes par ménage augmente, le nombre de suicides diminue. Le malthusianisme endigue cette action préservatrice de la famille en la rétrécissant. La taille du groupement domestique ne produit cependant pas un pur effet mécanique. Rompu aux analogies avec la physique et la biologie, Durkheim distingue le volume de la famille — nombre absolu de personnes vivant en son sein —, de sa densité — nombre d'individus qui, à volume égal, sont effectivement en interaction. Selon sa théorie du fonctionnement des institutions, plus la famille est riche de relations et plus elle est susceptible de rattacher l'individu à des fins supérieures et d'exercer sa fonction intégratrice.

Durkheim ne pense néanmoins pas que l'action de la famille soit assez puissante pour être prioritairement encouragée. Manifestant son scepticisme, il estime que le groupe domestique contemporain se révèle inadéquat pour assurer sa double fonction d'intégration et de régulation. La morale dispensée dans la famille contemporaine lui semble limitée, eu égard aux besoins dont témoigne la société moderne. Contrairement à certains de ses successeurs — notamment Foucault [1975] —, Durkheim estime peu disciplinée la société du XIXe siècle. Il remarque qu'un affaiblissement de la morale conjugale et, plus particulièrement, un moindre respect des devoirs respectifs des époux favorisent une nouvelle montée en puissance des passions et appétits que cette morale particulière a pour vocation de contenir. N'étant plus bornées, les passions se déchaîneront, s'exaspéreront dans un cercle vicieux et « détermineront un désenchantement, qui se traduira d'une manière visible dans la statistique des suicides » [1925].

Ce thème du *désenchantement de la vie familiale* associé à un affaiblissement moral dévoile en creux l'expansion d'un type familial inédit dans un contexte où la généralité, l'impersonnalité et l'immuabilité qui garantissent l'efficacité d'une réglementation sont modifiées. Comment concevoir l'impersonnalité de la règle quand le groupe domestique fait désormais prévaloir des relations familiales reposant sur un « caractère personnel et relativement électif » [*ibid.*] ? Le groupe domestique contemporain se caractérise par sa taille réduite, mais aussi et surtout par une connaissance intime, personnelle, par une proximité affective de ses membres. On est loin du type familial patriarcal autrefois dominant, lequel fondait la famille sur une autorité paternelle indiscutable. À la différence de Le Play, qui valorise la restauration d'une telle autorité,

Durkheim l'associe à un type désormais caduc. L'identité de point de vue avec le tableau tocquevillien s'impose ici. Suivant un raisonnement qui rappelle de très près un chapitre du deuxième tome de *De la démocratie en Amérique*, « Pourquoi les Américains se montrent si inquiets au milieu de leur bien-être », Durkheim remarque que, dans les sociétés contemporaines, la mobilité sociale devient théoriquement possible, si bien que « le désir de s'élever est plus facilement exposé à se surexciter et à s'enfiévrer au-delà de toute mesure, jusqu'à ne plus connaître pratiquement de limites » [1925]. Modérer cette passion moderne en restaurant une nouvelle morale, tel est le projet durkheimien. Et la famille ne semble plus en mesure d'assurer un relais efficace car « pour ranimer l'esprit de famille là où il est affaibli, il ne suffit pas que tout le monde en comprenne les avantages ; il faut faire directement agir les causes qui, seules, sont susceptibles de l'engendrer » : encore faut-il que celles-ci soient réunies [1895]. Les sentiments n'expliquent pas l'organisation familiale, ils sont eux-mêmes des fruits de l'organisation sociale.

2. Comment concilier vies privées et vie publique ?

Si la famille se révèle relativement inefficace dans sa fonction de canalisation des passions privées, c'est que la conciliation des vies privées et de la vie publique est imparfaite.

Le péril d'un repli sur la famille (Tocqueville)

Partant de considérations politiques, Tocqueville souligne que le social se décline sous une double forme privée et publique. Le rapport entre les deux pôles apparaît complexe. Anticipant de près d'un demi-siècle les conclusions de Durkheim, Tocqueville affirme ainsi que, dans « les républiques démocratiques, [...] la vie privée est incessamment mêlée à la vie publique » [1835]. Pourtant, dans le deuxième tome de *De la démocratie en Amérique* — qui enregistre un glissement net par rapport au premier [Lamberti, 1983] —, le jugement s'infléchit. Le repli sur la sphère privée devient indicateur de la fin de la vie publique, de la destruction du lien social et du recul de la liberté avec l'essor d'une nouvelle forme de despotisme.

Tocqueville craint l'avènement d'une tyrannie moderne, au visage humain mais néanmoins très nocive pour la liberté des citoyens. Se faisant visionnaire, il imagine une foule d'hommes, semblables et égaux, occupés à satisfaire leurs plaisirs personnels. Il engage la responsabilité d'un individualisme croissant qui, au fil des temps, après avoir tari la source des vertus, dégénérera en égoïsme. Deux notions différentes sont ainsi sollicitées dans son analyse. L'égoïsme est défini comme un amour « passionné et exagéré de soi-même » [1840], sentiment qui animait les générations sous l'Ancien Régime. D'expression récente, l'individualisme n'est de prime abord pas mauvais en soi, il est un « sentiment réfléchi et paisible qui dispose chaque citoyen à s'isoler de la masse de ses semblables et à se retirer à l'écart avec sa famille et ses amis » [*ibid.*] : c'est ce sentiment qui permet aux individus de nouer les relations familiales typiques de l'état social démocratique, alimentées d'estime réciproque et d'égalité relative, on le verra. Mais un problème surgit quand, « après s'être ainsi créé une petite société à son usage, [l'individu] abandonne volontiers la grande société à elle-même », lorsque l'individualisme se décline sous la forme d'un repli sur soi-même.

Cette analyse de l'individualisme se fonde sur l'opposition entre une forme positive, centrée sur la notion de personne, et une forme déviée, qui s'appuie sur l'exaltation inconsidérée de l'individu [Filloux, 1977]. Soucieux de défendre l'idéal de la liberté, Tocqueville imagine que l'individualisme du futur prendra la forme d'un retrait du monde public, souhaité par des gens ordinaires, plutôt que celle de la quête d'une reconnaissance par autrui de qualités personnelles [Sennett, 1982]. Si le versant négatif prévaut, « le lien naturel se resserre tandis que le lien social se détend » [Tocqueville, 1840] : la démocratie sécrète alors ses limites, car elle rapproche « les parents en même temps qu'elle sépare les citoyens » [*ibid.*]. L'individu se renferme peu à peu sur lui-même après avoir oublié ses aïeux, ses descendants et ses contemporains. Il retombe dans une solitude égoïste où chacun, « retiré à l'écart, est comme étranger à la destinée de tous les autres ; ses enfants et ses amis particuliers forment pour lui toute l'espèce humaine ; […] il n'existe qu'en lui-même et pour lui seul, et, s'il lui reste encore une famille, on peut dire du moins qu'il n'a plus de patrie » [*ibid.*]. Des individus qui valorisent l'idéal moderne d'égalité risquent d'oublier un autre idéal, celui de la liberté, et d'ouvrir la voie à des formes despotiques d'autant plus pernicieuses qu'elles sont occultées, bienveillantes, à visage humain. La meilleure illustration des anticipations de Tocqueville figure sans doute dans le roman de George Orwell, *La Ferme des animaux* (1945). À la suite d'une révolte qui leur permet de gagner la gestion collective de la ferme, les animaux se voient peu à peu privés de leur liberté par les cochons, qui la monopolisent au nom d'un principe : si tous les animaux sont égaux, certains le sont plus que d'autres. Le péril de la dictature guette.

La voie du culte et le primat des relations volontaires (Comte)

Il existe selon Comte une « double puissance d'après laquelle la société modifie sans cesse la famille » [1852]. La principale influence est involontaire, elle est associée aux transformations globales de l'activité sociale et détermine des transformations de l'organisation domestique — le passage d'une société à dominante militaire à la société industrielle entraîne de telles modifications. Secondaire, mais appelée à s'affirmer pour ajuster les effets de la première, une autre influence, toujours plus grande, passe par les institutions mises en place par les hommes pour adapter volontairement la famille aux changements sociaux. Il en résulte une « connexité croissante entre la vie privée et la vie publique » [*ibid.*]. La base morale de l'ordre social consistant dans le dévouement des forts aux faibles et dans la vénération des faibles pour les forts, Comte mise avec originalité sur l'institution d'un culte des liens domestiques et sociaux pour mieux assurer la liaison harmonieuse des deux sphères. La mise en place d'une véritable discipline lui semble d'autant plus nécessaire que, dans un contexte de décadence du catholicisme, « nous n'avons plus de véritables fêtes » [1851]. Il revient au positivisme de fournir l'impulsion décisive à la célébration de liens sociaux réellement ressentis, de façon que le rite et la croyance se nourrissent mutuellement, à la différence de ce qui se passe lors de fêtes simulacres « où les spectateurs tiennent lieu de spectacle » [*ibid.*]. Seule la spontanéité des sentiments célébrés peut justifier la solennité de la manifestation.

En complément de l'éducation positive, Comte propose donc d'instituer des fêtes destinées à vivifier le sentiment d'appartenance sociale. Des *sacrements sociaux* sont voués à « incorporer » l'individu à la société, la religion positive sanctifiant « toutes les phases générales de la vie privée en les liant spécifiquement à la vie publique » [1854]. Les sacrements sont définis en fonction de leur succession chronologique pour l'individu, ils se réfèrent à des étapes d'un cycle de vie dont les seuils d'entrée seraient franchis et fêtés comme des rites de passage. La destination est par exemple célébrée à vingt-huit ans, elle témoigne de la capacité de l'individu à participer pleinement à l'activité sociale. C'est cette étape qui justifie qu'il fonde une nouvelle famille sur la base du principal sacrement, celui du *mariage*. Pour le contracter, l'homme devra avoir au moins vingt-huit ans, l'épouse vingt et un seulement puisque le sacrement précédent, relatif à l'engagement professionnel, ne la concerne normalement pas. Comte définit assez fermement les normes relatives à l'âge où l'on contracte le mariage puisqu'il propose également des limites supérieures, trente-cinq ans pour l'homme et vingt-huit ans pour la femme.

En socialisant des étapes qui intègrent l'individu au corps social, Comte pense étayer les fondements d'un culte public des liens sociaux nécessairement plus abstrait. Au sein du culte public, des fêtes manifesteront l'ordre social et auront pour fonction de stimuler l'instinct de solidarité. Ces fêtes s'insèrent dans un calendrier. L'année s'ouvre sur la célébration de l'Humanité, le type de solidarité le plus étendu. Toujours au cours du premier mois, trois fêtes secondaires commémorent la nation, la province et la cité. Au début de chacun des quatre mois suivants, les quatre relations de famille formées par le mariage, la paternité, la filiation et la fraternité seraient fêtées à leur tour, de même que la domesticité le mois suivant [1851]. Comte, à l'appui de l'étymologie du mot « famille », perçoit en la domesticité la dernière transition entre les liens de famille et les rapports sociaux proprement dits, et c'est à ce titre qu'il valorise les relations à la domesticité comme un « ordre complémentaire de relations privées, directement propre à lier intimement les riches et les pauvres » [1852]. À la frontière du privé et du public, elles forment l'un des éléments mobilisés pour régler la question sociale. Enfin, le dixième mois est réservé au culte de la femme, dont la figure est « successivement glorifiée comme mère, épouse, fille et sœur », les quatre figures traduisant leur caractère de « déesses domestiques » : cette expression souligne on ne peut plus clairement leur assignation au domicile familial.

Le calendrier du culte prévu par Comte est un bon indicateur de ses options théoriques concernant la famille. Célébré dès le deuxième mois, le lien conjugal manifeste avec éclat le *primat des relations volontaires* dans la théorie comtienne. Si l'auteur perçoit dans la famille un garant de l'ordre, il définit sa forme ultime et idéale sous les traits de la famille positive, symbole de progrès, rationnellement organisée. La définition de ce type familial marque en effet l'aboutissement d'un lourd travail théorique rendu d'autant plus nécessaire à ses yeux qu'il permettra de « dissiper l'affreuse alternative où flottent aujourd'hui tant d'observateurs consciencieux », ballottés entre le constat alarmiste d'une double crise de la sphère privée et de la sphère publique et les visions heureuses des utopies. Si Comte respecte les relations réelles décrites dans la première partie du chapitre, il les réorganise pour laisser place à une véritable théorie de la famille. Principes de coordination, les sentiments ne sont plus approchés sous l'angle de leur émergence spontanée, chronologique, mais sont saisis « suivant leur énergie décroissante et leur extension croissante » [1852]. Dès lors, le sentiment conjugal précède en temps et en intensité affective le sentiment paternel, l'affection filiale et, enfin, l'affection fraternelle ouverte sur les autres familles, sur la société par extension.

La stabilité sociale par la famille-souche (Le Play)

Toute la sociologie de Le Play est orientée par son objectif ultime, le traitement de l'instabilité sociale. Comme Villermé, l'auteur pense que les problèmes relatifs au désordre social, à la démoralisation des classes populaires et à la diffusion de la famille instable doivent être résolus non par l'augmentation du niveau de vie, mais par le renforcement moral des liens familiaux. Le Play est loin de partager la foi des saint-simoniens dans le progrès, l'enrichissement et les avancées technologiques n'impliquant pas nécessairement l'augmentation du bonheur. Ses propositions ne se confondent pas pour autant avec celles, suggérées par Villermé, misant prioritairement sur le développement associatif pour juguler la question sociale. Jugeant ces réflexions stériles, Le Play remarque sévèrement qu'« on demande en vain à un effort de l'esprit ce que la famille-souche donne spontanément à tous les hommes ; jamais une organisation factice ne remplacera l'association naturelle du père et du fils ! » [1864]. La réforme ne saurait reposer sur la définition d'un artifice. Si la science sociale doit servir l'action, c'est en se conformant à la nature humaine. Accompagnant le rejet du contractualisme, le choix de la famille comme pivot de l'ordre social se justifie par sa caractéristique majeure : elle forme bien une *association naturelle*, déjà existante.

Si la famille forme l'instrument idéal de la réforme sociale, c'est parce que, selon Le Play, la sphère privée soutient la sphère publique. Légiférer ou contractualiser toujours plus les rapports sociaux serait vain, « la vraie constitution d'un peuple est dans les idées, les mœurs et les institutions de la vie privée, plus que dans les lois écrites » [1879]. Pour lui, « la vie privée imprime son caractère à la vie publique ; la famille est le principe de l'État » [*ibid.*]. Il en découle que seule une bonne vie privée est susceptible d'engendrer une bonne vie publique. Le choix du type familial pivot ne saurait par conséquent être laissé au hasard, il doit faire l'objet d'une sélection rationnelle réalisée à l'appui de la science sociale. L'enjeu est vaste, le bonheur des familles garantit la prospérité du voisinage et, par extension, celle de la nation. Symétriquement, à une condition malheureuse de la sphère privée ne peut correspondre qu'une souffrance sociale. C'est le cas lorsque la famille instable domine. À l'opposé, la famille-souche élève les enfants dans le double respect du Décalogue et de l'autorité paternelle. Elle fait d'eux des « rejetons dressés au travail et à l'obéissance » qui alimentent harmonieusement en émigrant les rangs de l'industrie, de l'armée, de la flotte et des colonies [1857-1877]. Bref, ce régime familial « concilie l'intérêt public avec le bien-être individuel » [*ibid*]. La socialisation familiale est fonctionnelle puisque c'est en apprenant à se soumettre au père que l'enfant apprend l'ordre, la morale, l'obéissance et la soumission à l'autorité publique.

Si Le Play propose d'étendre à la société entière le modèle de la famille-souche, il est néanmoins loin de prôner un retour au passé. Il est persuadé que ce type familial reste parfaitement adapté à la modernité [Casey, 1989]. La réforme découle selon lui de l'analyse sociographique dont la valeur scientifique doit permettre de dépasser l'incommunicabilité qui sépare les « hommes de tradition » des « hommes de nouveauté », deux types de savants incapables d'accomplir des réformes, les premiers par excès d'indolence, les seconds par excès de zèle. Le budget familial permet d'atteindre la compréhension des valeurs familiales. Il est un indicateur empirique du bonheur ou du malheur des familles. En observant la part réservée par les familles au « pain quotidien » et à la « loi morale », le budget « est en mesure de démontrer que la famille souffre ou prospère » [Le Play, 1879]. C'est ainsi que Le Play identifie à travers lui la supériorité de la famille-souche et conclut que le climat de confiance qu'elle entretient est à même de produire un citoyen lui-même confiant et autosuffisant, capable d'agir dans une société libérale. La famille-souche allie ce qu'il y a de meilleur dans la famille patriarcale à l'individualisme qui caractérise la famille instable, elle allie tradition et modernité.

Contrairement à tous les utopistes qui, en appelant de leurs vœux un changement social, rêvent de diluer la famille dans le social, en lui soustrayant ses fonctions d'éducation, de production et de consommation [Schultheis, 1997], Le Play identifie le pilier de son projet dans une forme d'organisation domestique existante. En ce sens, si la réforme leplaysienne est audacieuse, ce n'est pas parce que les changements prônés résulteraient d'un effort important d'ingénierie sociale. La réforme sociale doit se conformer à la vérité objective découlant d'une application de la méthode scientifique d'observation. Le résultat de l'œuvre sociologique leplaysienne peut alors se résumer brutalement dans l'affirmation suivante : « En matière de science sociale, il n'y a rien à inventer » [Le Play, 1879]. L'activité scientifique consiste à reconnaître des vérités transhistoriques qui participent de la nature humaine. Elle vise à préserver la « constitution essentielle » du lien social, c'est-à-dire ce qui permet à tout peuple de vivre dans la paix sociale et la prospérité.

La supériorité du devoir professionnel sur le devoir domestique (Durkheim)

Durkheim analyse la compénétration entre monde privé et monde public en tentant de montrer comment la famille, archétype de la communauté, devient de plus en plus publique. Il décrit le paradoxe de la famille conjugale, sorte de *Janus bifrons* telle qu'il devient « impossible de séparer ces deux tendances, la centration sur les personnes et la plus grande "socialisation" de la famille » [de Singly, 1993*a*]. Il identifie en l'État le facteur permettant de dépasser les craintes de Tocqueville à l'égard de l'effacement de la sphère publique suscitée par une excroissance de la vie privée. Son intervention concourt à individualiser les membres de la famille, à faire en sorte que chacun d'entre eux se distingue nettement des autres et conquière les attributs de la personne. L'analyse illustre un phénomène de sociologie générale, agissant dans la société tout entière : l'intervention croissante de l'État dissout les particularismes locaux et favorise l'essor de l'individualisme [Durkheim, 1950]. Loin de juger cet essor préjudiciable à l'individu, Durkheim affirme que c'est son développement qui rend possible la liberté et l'autonomie des membres de la société. L'individualisme durkheimien n'est pas anarchisant : l'individu s'achève bien dans un réseau de contraintes, d'obligations et de sanctions.

Ne retenir que le versant optimiste de la pensée de Durkheim tronque son analyse des relations entre la vie privée et la vie publique. La famille conjugale, fruit de la modernité, n'est selon lui pas capable de garantir les conditions d'une socialisation réussie, et cela en raison même de sa structure interne. En tendant à se réduire aux conjoints, elle se montre notamment peu efficace contre le suicide de la modernité : le suicide anomique. Dès 1892, le sociologue avoue plus généralement ses réticences. La famille conjugale ne « nous ménage pas d'assez vastes perspectives » et elle est « trop éphémère » puisqu'elle se « dissout par la mort à chaque génération ». Durkheim propose en conséquence la valorisation d'un autre groupe d'intégration et croit même n'en identifier qu'un seul qui soit à la fois assez proche de l'individu pour que celui-ci s'y attache, et assez durable pour qu'il restaure une perspective que la famille n'offre plus : c'est le groupe professionnel. Sa responsabilité serait grande puisqu'il lui reviendrait de « *succéder à la famille* dans ses fonctions économiques et morales » de manière que « le *devoir professionnel* prenne dans les cœurs le même rôle qu'a joué jusqu'ici le devoir domestique ». Dans la préface à la seconde édition de *De la division du travail social* [1902], Durkheim mentionnera uniquement le rôle intégrateur des groupements professionnels, notamment celui des corporations, seules réalités sociales susceptibles d'assurer la cohésion et la régularité nécessaires à la vie de la société et au bien-être des individus. Ainsi, si la vie familiale et la vie publique ne se menacent pas l'une l'autre, la famille ne saurait garantir pour autant le maintien du lien social. C'est aux corporations, sans que cela implique comme par le passé la règle de la transmission héréditaire de métier, que Durkheim attribue en définitive le rôle d'institution intermédiaire privilégiée entre l'individu et la société. L'auteur sur ce point se détache fortement de Le Play qui, tout en accordant aux corporations une certaine importance, pense qu'elles seraient superflues dans un système composé de familles-souches.

Lorsqu'ils s'attachent à apprécier l'efficacité de la vie familiale, les sociologues se saisissent de leur objet globalement. Cette opération ne doit pas occulter leurs analyses du fonctionnement interne du groupe domestique, que nous allons exposer maintenant.

IV / Liens de famille

Les analyses marxistes repéraient différentes relations internes à la famille. De même, Tocqueville, Comte, Le Play et Durkheim identifient sa triple dimension conjugale, parentale et fraternelle. Néanmoins, la manière dont ils valorisent ou délaissent l'examen de certains liens est variable et fournit un indicateur supplémentaire pour approcher leurs axes théoriques. La famille reste perçue par les uns comme un ensemble relativement indivisible, elle forme un groupe relativement monolithique, tandis que d'autres la définissent plutôt à partir de l'un de ses sous-groupes dominants : la famille-souche leplaysienne ressortit au premier modèle, la famille conjugale de Tocqueville, Comte ou Durkheim relève du second. En détaillant des types de liens intrafamiliaux, les sociologues analysent le fonctionnement de la famille, les rapports de pouvoir qui la traversent. Ils qualifient la structure d'un ordre social et énoncent les règles qui garantissent son maintien.

1. La relation conjugale

De l'élection raisonnable dans les relations familiales

Élaboré au cours du XIXe siècle, le modèle de l'amour romantique affecte l'institution familiale. Sa diffusion s'est accélérée avec l'émergence de nouvelles formes de la culture littéraire. Des genres nouveaux sont apparus, comme le roman autobiographique, historique, psychologique ou encore le roman de formation — *Bildungsroman* —, tous centrés sur l'expression de la subjectivité individuelle. Le modèle de l'amour romantique se répand également grâce au mélodrame, à la comédie et au drame bourgeois. Le roman « populaire » n'est pas en reste, représenté par le roman-feuilleton. La représentation sentimentale se diffuse ainsi dans toutes les couches sociales et se présente à la fois comme modèle littéraire et comme modèle de comportement. Chacun devient prêt à concevoir son conjoint comme la seule personne lui permettant de se réaliser pleinement, l'amour romantique exprimant ainsi une forte individualisation des amants. Les hommes et les femmes se choisissent, s'élisent sans avoir à réprimer leurs penchants.

En conférant à la relation conjugale une position théorique privilégiée, Tocqueville, Comte et Durkheim mettent l'accent sur sa dimension élective, tout comme Engels évoquant la famille du futur. Ce faisant, ils pensent le rôle de l'affectivité comme régulatrice des unions tout en insistant sur son orientation volontaire, idée pouvant être dissociée de la première. C'est sur la rencontre convergente entre les deux que beaucoup d'auteurs misent. La position de Michelet, souvent fort proche de celle de Comte, est ici éclairante [1846]. Selon l'historien, il existe une inégalité de nature entre l'homme et la femme. L'amour crée toutefois le plus souvent une inégalité en sens inverse et met le plus fort, l'homme, au service du plus faible, la femme, puis le parent au service de l'enfant. L'amour substitue spontanément une inégalité à une autre pour favoriser le faible, tout comme historiquement, avant que l'idée d'égalité ne prévale, « celle de protection bienveillante, d'adoption, de paternité » imposait des devoirs au riche seigneur envers le pauvre. L'idéal familial de Michelet repose ainsi sur un modèle de « famille artificielle », qui favorise le « fils élu, fils de la volonté, plus cher que ceux de la nature ». En privilégiant le modèle de l'adoption, il indique clairement que le principe d'assistance, familiale mais aussi sociale, doit reposer sur un choix volontaire et réfléchi, rationnel, conscient de ses devoirs. L'harmonie ne découlera pas du seul sentiment amoureux mais aussi de la conscience de la réalité matrimoniale, des devoirs qui lui sont associés, bref, d'une discipline conjugale, par extension familiale et sociale, n'excluant pas nécessairement des rapports de pouvoir. En mettant l'accent sur le volontariat, les théories sociologiques de Tocqueville, Comte ou Durkheim prennent indirectement position par rapport au modèle de l'amour romantique pour rappeler que la famille ne saurait reposer sur des relations strictement sentimentales, tout comme Engels ne diluait pas la famille de l'avenir dans le sentimentalisme lorsqu'il se montrait sensible à une nécessaire répartition sexuée des fonctions familiales. La famille sera sentimentale mais aussi rationnelle, son organisation sera tout autant fondée affectivement qu'en raison.

Des conjoints égaux mais dissemblables (Tocqueville)

Tocqueville identifie une revalorisation de la définition sociale du mariage dans l'état social démocratique. Le mariage unit désormais « deux cœurs » et non plus « deux biens ». Contractée par amour, reposant sur le choix mutuel des conjoints, l'alliance engage toutefois plus particulièrement la clairvoyance de la femme. Lorsque Tocqueville affirme que l'Amérique est le pays du monde « où le lien du mariage est le plus respecté, et où l'on a conçu l'idée la plus haute et la plus juste du bonheur conjugal », c'est après avoir déclaré que « c'est la femme qui fait les mœurs » [1835]. La jeune fille américaine est préparée à réaliser un choix judicieux. C'est pourquoi l'auteur est loin de craindre une déstabilisation de la structure sociale due à l'extinction des alliances explicitement arrangées par les deux lignées. Il croit en effet en observer un substitut fonctionnel. Si le mariage d'amour n'affecte nullement l'ordre social, c'est qu'il repose sur l'*éducation* de la jeune fille, invitée dès son plus jeune âge à être toujours « maîtresse d'elle-même » [1840]. Si les Américains considèrent le mariage comme un contrat onéreux, mais dont ils sont prêts à exécuter toutes les « clauses », c'est parce qu'ils ont pu les « connaître toutes à l'avance » [*ibid.*]. Jouissant d'une entière liberté de ne pas contracter l'union, ils décident également de s'astreindre à ses règles de plein gré. Les contraintes se déplacent de l'extérieur de l'individu, du contrôle parental notamment, en son intérieur. L'idée est moderne, elle apparaît implicitement dans une critique de l'institution matrimoniale française de Michelet. Il remarque en effet que, si les liens de famille forment la seule chose qui nous permette d'échapper à l'égoïsme, les mères ont une grande responsabilité dans l'échec de certaines relations dans la mesure où « l'éducation qu'elles donnent, ou laissent donner à leurs filles, a fait du mariage une charge intolérable » [1846]. Dans *Comment on se marie*, Émile Zola dénonce lui aussi l'impossible épanouissement de formes matrimoniales n'offrant guère l'occasion aux conjoints de se découvrir avant le mariage (1893). En Italie, en 1864, l'écrivain féministe Anna Maria Mozzoni prend pour sa part la défense du modèle américain, qui, loin de favoriser le désordre et l'anarchie conjugale redoutés par les conservateurs, prédispose les jeunes filles à faire un bon choix matrimonial grâce à la connaissance qu'elles ont acquise de leur futur conjoint [de Giorgio, 1996]. Tout en mettant l'accent sur la régulation sentimentale des unions, Tocqueville indique bien que, en s'engageant, les conjoints américains adhèrent affectivement *et* rationnellement au mariage et à sa discipline.

Après avoir examiné ce qui est à la source de l'alliance matrimoniale dans l'état social démocratique, Tocqueville en décrit le fonctionnement en s'arrêtant sur la nature des rapports conjugaux. Les Américains ne reconnaissent ni les mêmes devoirs, ni les mêmes droits à l'homme et à la femme. Ils témoignent néanmoins une estime identique au rôle de chacun d'entre eux et « ils les considèrent comme des êtres dont la valeur est égale, quoique la destinée diffère » [1840]. Cette analyse se fonde sur la distinction entre égalité de condition et égalité de valeur [Gullestad, 1992]. Pour l'auteur, les conjoints américains sont profondéments égaux en ce qui concerne l'estime qu'ils se portent l'un l'autre. Cette égalité de valeur, fondée sur un « jugement social », ne doit cependant pas masquer la différence des rôles que les deux partenaires sont amenés à remplir. Égaux mais « dissemblables », les conjoints américains marchent « d'un pas égal, mais dans des chemins toujours différents » [Tocqueville, 1840]. Si le groupe domestique qu'ils ont fondé revêt les traits d'une « association » dont le fonctionnement interne est efficace, c'est parce que la différence sexuelle des rôles y reste la règle.

Sociologue de la politique, Tocqueville va plus loin. Il prend soin de dissiper un malentendu d'après lequel la vie domestique démocratique refuserait tout pouvoir à ses participants. Le monde conjugal et le monde politique forment pour lui deux réalités emboîtées, Tocqueville se servant du second pour illustrer le fonctionnement du premier. Perspicaces, les Américains « croient que, dans la petite société du mari et de la femme, ainsi que dans la grande société politique, l'objet de la démocratie est de légitimer les pouvoirs nécessaires, et non de détruire tout pouvoir » [*ibid.*]. Postulant que l'efficacité du fonctionnement du groupe suppose l'existence d'un chef en son sein, Tocqueville conclut que, dans la vie de couple, ce rôle doit être mandaté à l'homme. Le mariage d'inclinaison n'implique ni la négation de l'autorité, ni le refus d'une division sexuelle des devoirs ; bien plus, il implique leur acceptation en raison.

Le sexe actif et le sexe affectif (Comte)

Le mariage est présenté par Comte comme la source par excellence de la perfectibilité morale, l'homme et la femme se complétant heureusement par leurs contributions respectives, l'un représentant la vie active, l'autre la vie affective, fondement de la morale positive. Si le sentiment conjugal émane dans un premier temps d'un instinct égoïste, l'instinct sexuel, c'est la tendresse féminine qui le corrige en lui permettant de devenir le support d'une amitié sincère. Les liens du mariage sont valorisés, les différences objectives entre les sexes étant telles que c'est en se servant et en se dévouant mutuellement l'un à l'autre que les conjoints apprennent à adopter une attitude bienveillante. L'union conjugale favorise la connaissance intime et produit une fusion, de la confiance et de l'abandon [1851]. Ainsi conçue, la famille tend « de plus en plus à confondre chacun de nous avec les seuls êtres qu'il lui sera jamais permis de bien connaître » [1852] et, « tandis que le temps affaiblit spontanément tous les autres nœuds domestiques, il resserre davantage, dans le cas normal, la seule liaison qui puisse déterminer une complète identification personnelle, objet constant de tous nos efforts sympathiques », c'est-à-dire la relation conjugale [*ibid.*]. Concentré sur un individu et perpétuel, tel doit être le mariage monogame. Le divorce altère l'institution. De même, puisque la mort de l'un des conjoints peut menacer cette unité fondamentale en cas de remariage, Comte pense que le veuvage devient une « suite naturelle de l'unité du lien » [1851] et il définit en conséquence un « devoir du veuvage éternel » *et* « volontaire ». Seule cette morale conjugale lui paraît respecter le principe de la concentration du cœur sur un objet unique, pratique qui empêche le maintien de formes de polygamie. En ce sens, le devoir du veuvage éternel forme le « résumé naturel de la vraie théorie du mariage », qu'il complète significativement [1854].

Le projet de Comte semble reposer partiellement sur l'observation d'attitudes réelles bien qu'il ne l'énonce pas. Balzac les met en scène en décrivant une veuve coupant ses cheveux et les glissant dans la main du défunt, geste symbolique accompli publiquement et marquant sa résolution : ne pas se remarier pour préserver une éternelle union (1833). En recommandant le veuvage éternel, Comte livre plus qu'une prescription, il élabore une conception de la vie privée définie à partir de l'idée d'intimité dont il rattache les conditions de possibilité au mariage monogame et indissoluble, exclusif et durable de type occidental, l'« une des plus précieuses institutions que nous devions au Moyen Âge » [1851]. En évoquant le sacrement social relatif au mariage, Comte définit d'ailleurs le mariage comme un « engagement sacré d'une éternelle union », et il préconise sur cette base un renouvellement de la promesse de mariage dans les six mois suivant le deuil d'un membre du couple.

Comme dans l'œuvre de Tocqueville, la félicité de la famille comtienne suppose la reconnaissance d'une division des rôles familiaux fondée en nature sur la différenciation sexuelle. La règle qui « assigne au sexe affectif une existence essentiellement domestique » [1851] respecte cet état de fait : Comte ne peut que rejeter l'activité professionnelle féminine puisqu'elle implique une concurrence contre nature entre les sexes. Comme Engels, bien que dans un cadre conceptuel fort éloigné, Comte réprouve certains effets associés au travail féminin. Il perçoit la richesse comme une source de dégradation morale de l'épouse, qui, en gagnant une indépendance, s'octroit un pouvoir abusif qui vient corrompre les sources de l'affection conjugale. Sur ce point, il stigmatise les défenseurs prétendus des femmes, qui n'agitent, selon lui, que des « rêves subversifs » alors même que l'union matrimoniale implique le respect du principe de la complémentarité. Écartée de la sphère publique, la femme est donc invitée à concentrer son action sur sa famille, creuset naturel qui lui permet le mieux d'asseoir son légitime ascendant moral. En contrepartie, elle doit pouvoir compter sur l'assistance du sexe actif. C'est d'ailleurs parce qu'il a des devoirs envers la femme que l'homme devrait abroger ce que Comte perçoit comme une « honteuse vénalité » et un « reste de barbarie » : l'usage des dots. Le propos comtien sur ce point n'est pas isolable des débats de l'époque. Michelet y prend part en dénonçant la spéculation masculine sur le mariage rendue possible par l'attrait des dots féminines. Abroger leur usage selon Comte, c'est empêcher l'argent de pervertir la formation du lien conjugal, ce que dénoncent de leur côté les théories marxistes. Prendre en charge l'épouse revient au contraire à moraliser toujours plus l'institution. C'est ainsi dans l'analyse des fonctions dévolues à chaque conjoint que l'on perçoit nettement combien le mariage, s'il repose sur un fondement affectif, implique également le principe du volontariat et du devoir : à titre d'ordre, il comporte des règles que les joueurs doivent connaître à l'avance pour mieux les respecter. On perçoit également à cette occasion qu'à la division des rôles correspond une division des pouvoirs. À l'homme de commander, à la femme d'obéir, à l'homme la domination pratique et à la femme la supériorité morale. Selon Comte en effet, on retrouve à l'intérieur de la société domestique la séparation fondamentale du pouvoir humain entre pouvoir spirituel et pouvoir temporel, conseil et commandement. En confiant le commandement à l'homme et le conseil à la femme, Comte espère montrer que « l'étude positive du mariage ne vérifie pas seulement l'axiome fondamental, il n'existe pas de société sans gouvernement ; mais aussi l'aphorisme complémentaire, tout gouvernement suppose une religion, pour consacrer et régler le commandement et l'obéissance » [1852]. Les conjoints doivent adhérer au credo conjugal formé par sa morale.

La préservation sexuée à l'égard du suicide (Durkheim)

Durkheim traite lui aussi la différence sexuelle dans le cadre institutionnel du mariage, mais sur un mode moins politique

que dans les cas de Tocqueville ou de Comte. L'affaiblissement de la réglementation matrimoniale, ou *anomie conjugale*, explique selon lui le développement parallèle des divorces et des suicides. Il distingue sur ce dernier point le suicide masculin, en valeur absolue plus massif, du suicide féminin, pour montrer que, si en passant de la société conjugale à la société familiale la protection face au suicide est de degrés, à l'intérieur de l'institution du mariage, la différence entre les deux sexes est cette fois de nature. Introduisant le taux de divorce comme variable de contrôle, il découvre que « plus le lien conjugal se rompt souvent et facilement, plus la femme est favorisée par rapport au mari » [1897] comparativement aux célibataires. En revanche, dans les pays où le divorce n'existe pas, la femme mariée « est moins préservée que son mari » [*ibid.*], toujours relativement aux célibataires. C'est à l'appui de ces résultats que l'auteur énonce la loi suivante : « Le mariage favorise d'autant plus la femme au point de vue du suicide que le divorce est plus pratiqué et inversement. » C'est que, pour Durkheim, l'institution matrimoniale ne produit pas les mêmes effets sur les conjoints qui partagent un objectif en tant que parents, mais dont les intérêts divergent, voire sont antagonistes, en tant que conjoints. Dans ces conditions, il devient pensable qu'une caractéristique de l'institution matrimoniale « profite à l'un et nuise à l'autre » [*ibid.*].

Pour l'expliquer, Durkheim montre que, dans le cas français, le mariage sans descendance préserve l'homme, même s'il le fait moins bien que le groupe domestique pourvu d'enfants. Cette action bienfaisante est le fruit de l'influence régulatrice exercée par le mariage, qui modère les penchants masculins préjudiciables aux célibataires. Comparativement, la condition de la femme mariée est moins favorable que celle de son époux, seule la présence d'enfants venant « corriger le mauvais effet qu'a, pour elle, le mariage » [*ibid.*]. Le divorce ayant été réintroduit en France peu de temps auparavant — en 1884 —, la disposition juridique ne pouvait encore, lorsque Durkheim écrit, venir nuancer cette « règle inflexible qu'est le mariage » pour la femme : « un joug très lourd et sans profit » [*ibid.*]. L'analyse du mariage souligne ainsi que les deux conjoints, à son égard, non seulement ont deux attitudes et intérêts contraires, « l'un a besoin de contrainte et l'autre de liberté », mais aussi en retirent deux bénéfices opposés. La famille monogame profite relativement plus à l'homme. Lorsque les divorces sont répandus, le mariage règle cependant moins les mœurs, pose moins de bornes, il jette alors l'époux dans l'incertitude en affaiblissant la force d'un lien dont la dissolution peut être anticipée. Pour l'épouse, en revanche, la discipline matrimoniale se trouve assouplie, situation plus avantageuse que la précédente. On le voit, si la différence sexuelle et une forme d'inégalité naturelle sont intégrées dans la pensée durkheimienne, c'est moins pour en déduire une théorie des fonctions masculine et féminine que pour étudier le cadre conjugal saisi comme une institution extérieure et plus ou moins contraignante pour les individus des deux sexes.

2. La relation parentale

De la dictature domestique à l'avènement de rapports plus intimes et plus doux (Tocqueville, Durkheim)

Le rôle paternel est sensiblement différent dans la société aristocratique et dans la société démocratique. Dans la première, note Tocqueville, le père est non seulement l'« auteur et le soutien de la famille », mais il représente également son « magistrat » [1840]. Dans la seconde, en revanche, le père n'est plus aux yeux de la loi qu'« un citoyen plus âgé et plus riche que son fils » [*ibid.*]. Cette mutation prend sens en référence à deux modes distincts de *contrôle social.* L'état social aristocratique perpétue son emprise sur les acteurs sociaux par l'intermédiaire du père. Tocqueville pose l'existence d'une homologie entre le gouvernement des hommes et le gouvernement des enfants. Chef du groupe domestique, le père possède un « droit politique » à commander ses enfants. Il exerce en ce sens une « dictature domestique » et règne sans partage. Dans la famille aristocratique, il est le maillon d'une chaîne intergénérationnelle inscrivant le présent dans le sillage d'un passé : il a en charge la conservation immuable de l'ordre familial et social et représente l'« organe de la tradition, l'interprète de la coutume, l'arbitre des mœurs » [*ibid.*]. L'état social démocratique remplace cette médiation paternelle par l'exercice d'un contrôle direct sur chaque individu, le *jugement personnel* et la valeur d'autonomie remplacent en effet l'attachement à la tradition comme guide de conduite.

La nature des liens intrafamiliaux se ressent de ce passage. À une relation père-enfant référée à une autorité formelle et légale se substitue une relation fondée beaucoup plus sur la douceur des sentiments : « Les rapports entre père et fils deviennent plus intimes et plus doux ; la règle et l'autorité s'y rencontrent moins ; la confiance et l'affection y sont souvent plus grandes » [*ibid.*]. Le rôle paternel se caractérise de plus en plus par la gestion de ces sentiments puisque, dans la famille de l'état social démocratique, le maître et le magistrat ont disparu tandis que « le père reste » [*ibid.*]. La réduction de la distance relative entre père et fils n'implique pas pour autant l'avènement d'une relation fusionnelle, marquée notamment par une corésidence des générations. Le modèle démocratique implique au contraire la décohabitation : une fois atteinte la majorité légale, les enfants quittent le foyer parental. La séparation des domiciles respectifs joue alors le rôle de garant de l'indépendance réciproque des générations. Entre Tocqueville et Durkheim, la concordance est complète sur ce point. À l'instar de Tocqueville, Durkheim souligne en effet que, dans la société moderne, la relation de filiation est caractérisée par une dépendance juridique de l'enfant à l'égard de son père jusqu'à sa majorité légale. Ensuite, la décohabitation entre le jeune homme majeur et/ou marié fait cesser tout rapport de dépendance.

La division du pouvoir parental : protection matérielle paternelle et éducation morale maternelle (Comte)

Comte identifie les fonctions qui perpétuent la famille. La naissance des enfants prolonge en la développant la vie domestique fondée sur l'union conjugale, « un but commun également cher aux deux époux fortifie alors leur tendresse mutuelle, et tend sans cesse à prévenir ou à modérer les conflits provenus d'une insuffisante conformité d'opinions ou même d'humeurs », explique-t-il [1852]. En ce sens, la relation parentale vient corriger certaines insuffisances de la relation conjugale relativement occultées par l'auteur jusqu'ici. Comme Durkheim à sa suite, Comte considère que la présence d'enfants joue un rôle protecteur face aux ébranlements internes ou externes susceptibles de déstabiliser l'unité familiale.

Après avoir envisagé globalement les parents, Comte identifie une division des fonctions parentales dans la famille positive. Pas plus que les conjoints entre eux, les parents ne sont égaux vis-à-vis de leurs enfants : la protection matérielle incombe au père, déjà responsable de l'entretien de son épouse, l'éducation morale est à la charge de la mère. La fonction maternelle apparaît secondaire à Comte, qui refuse de réduire la femme à sa fonction de reproduction et consacre la prééminence de son rôle d'épouse. Néanmoins, une fois mise en avant la fonction du mariage, Comte la désigne désormais comme annexe obligée de l'autre. Elle permet de souligner la « dignité féminine », en confiant aux mères le devoir d'éducation morale et de culture du cœur de leurs enfants et en rejetant le soin de l'instruction et de la culture de l'esprit, son complément, hors de la famille [1851]. L'éducation maternelle doit ainsi servir l'ambition positive visant à favoriser le développement de la sociabilité au détriment de la personnalité grâce aux prédispositions naturelles des femmes en la matière, l'orientation suivie par la femme dans l'ordre positif ne constituant en définitive qu'un « vaste développement systématique de sa propre nature », l'ordre positif n'étant jamais qu'un ordre reposant sur la consolidation et l'amélioration de l'ordre naturel selon Comte [*ibid.*]. Cette affirmation permet, d'une part, de rapprocher l'auteur de Le Play, pour lequel la sociologie n'invente rien mais identifie scientifiquement les bases naturelles de l'ordre social. Elle souligne, d'autre part, que c'est l'éducation qui garantit la moralité privée comme la moralité publique en réglant principes de jugement et principes de conduite. Elle est la raison guidée par le cœur. Le thème éducatif parle de la nécessaire structuration du lien familial et du lien social, structuration qui engage la figure maternelle et celle, publique, du maître d'école. Il renvoie aux devoirs parentaux et, simultanément, aux hiérarchies instituées par les inégalités d'âge. En ce sens, à la suite de l'examen de la dimension conjugale, celui de la figure parentale complète le programme que Comte assigne à la science sociale naissante : « La théorie sociologique de la famille peut être essentiellement réduite à l'examen rationnel de deux ordres fondamentaux de relations nécessaires, savoir : la subordination des sexes, et ensuite celle des âges, dont l'une institue la famille tandis que l'autre la maintient » [1839]. La première partie de l'étude traite de l'origine de la famille, la seconde de son fonctionnement, distinction reprise et synthétisée par Durkheim dans un objectif : expliquer la famille.

Esprit de paternité, exercice de l'autorité et devoir d'obéissance (Le Play)

Le monde leplaysien est soumis à l'autorité personnelle, celle qui prévaut d'homme à homme, de vieux à jeunes. Le principe de hiérarchie y joue avec force. La vie privée doit être exclusivement placée sous l'autorité des pères de famille, la vie publique sous l'autorité des gouvernants et la vie professionnelle sous celle des patrons. La figure patronale est importante pour comprendre celle du père, elle relève de la vie privée mais son influence s'étend aux marges de la vie publique, conformément à la conception du patronage véhiculée par l'économie sociale qui se développe dans la seconde moitié du XIXe siècle sous l'égide de Le Play : son objectif est de voir se diffuser une influence morale des patrons non appauvrie par leur quête d'un bénéfice immédiat [Procacci, 1993]. La définition du patron proposée par Le Play confirme l'attention portée par beaucoup de penseurs à la nature volontaire des liens sociaux, au fait qu'aucun lien ne saurait être subi sans déstabiliser l'institution qui lui est associée. La figure patronale désigne un « Chef de famille » animé d'un « esprit de Patronage », c'est-à-dire d'un double sentiment mêlant de l'« amour paternel » — que Le Play estime inné chez le chef de famille — et de l'« esprit de paternité », sentiment qu'il conviendrait de développer grâce à l'*éducation* sous peine de décadence sociale [1879]. Si, comme Tocqueville, Comte ou Durkheim, l'auteur identifie explicitement la place des sentiments dans la famille, ce n'est pas pour qualifier prioritairement la relation conjugale mais plutôt la paternité, et encore cette relation n'est-elle envisagée ici que de manière unilatérale, il n'est essentiellement question que du sentiment nourri par le père à l'égard de son enfant. Ce que souligne par ailleurs nettement Le Play, c'est que l'amour ne suffit pas à fonder un ordre familial stable, il a besoin du secours de l'esprit de paternité, sorte d'éthique du devoir paternel. En distinguant les deux, Le Play montre que, si l'un des attributs de l'esprit de Patronage relève du sentiment, le second implique directement la responsabilité du père de famille qui, par l'éducation — puisée dans le foyer mais aussi plus largement dans l'atelier, le voisinage et la « pratique de la vie privée et de la vie publique » [*ibid.*] —, doit transmettre les valeurs de respect et d'obéissance aux jeunes générations. La raison seconde là encore le sentiment.

La manière dont Le Play aborde la question du pouvoir à l'intérieur de la famille s'inscrit logiquement dans sa définition de l'organisation domestique. Dans le type stable correspondant à la famille-souche, les parents exercent conjointement l'autorité sur les autres membres de la famille. Ils dirigent les activités et assurent le maintien de l'ordre. Ainsi les enfants apprennent-ils à obéir dès leur plus jeune âge. Le cadre privé leur montre l'exemple, ils y acquièrent le sentiment de respect, seule source de stabilité. En apprenant à obéir et à commander en famille, selon le rang qu'il occupe dans la fratrie, chacun apprend à se comporter en société. Ainsi l'ordre social surgit-il « sans effort d'une bonne organisation de la famille » selon Le Play [1864]. Cet apprentissage familial prépare à reconnaître les vertus bienfaisantes des actions des autorités publiques. Symétriquement, on comprend mieux la critique leplaysienne de la famille instable : celle-ci implique une trop grande distension du lien de filiation. Au lieu de représenter une source d'autorité, un maillon essentiel de la transmission de la tradition d'une génération à l'autre, les pères n'y assument plus qu'un rôle limité dans le temps. Le Play dénonce un auteur comme R. de Fontenay, qui, dans le *Journal des économistes* (1856), constate que « telle est la rapidité du progrès des connaissances, qu'aux deux tiers de sa carrière, le père de famille n'est plus au niveau de ce qu'il faut savoir ; ce n'est pas lui qui enseigne ses enfants, ce sont ses enfants qui refont son éducation ; il représente pour eux la routine ancienne, la pratique usée, la résistance qu'il faut vaincre ». Le Play ne peut concevoir un renversement qui lui apparaît contre nature et source d'instabilité.

3. Les relations fraternelles

De l'inégalité à la communauté des souvenirs (Tocqueville)

Le rétrécissement de l'horizon intergénérationnel et le déclin de la puissance paternelle concourent à modifier profondément les relations fraternelles selon Tocqueville. En effet, si dans les familles aristocratiques les enfants ne sont pas égaux, puisque l'âge et le sexe fixent « irrévocablement à chacun son rang et lui assurent certaines prérogatives » [1840], dans l'état social démocratique, les enfants sont désormais égaux et indépendants. Encore une fois, le déclin de la lignée comme marqueur de l'identité du groupe domestique se reflète dans les relations intrafamiliales. Dans une famille soumise aux impératifs de la transmission héréditaire, les rapports entre frères et sœurs sont marqués par la dépendance des cadets à l'égard de l'aîné, ils sont soumis à la logique de l'intérêt. Quand cette préoccupation devient caduque, le lien fraternel peut se nourrir de la « communauté des souvenirs » et de la « libre sympathie des opinions et des goûts » [*ibid.*] : il autorise l'épanouissement des sentiments.

La critique du Code civil (Comte)

C'est en critiquant l'égalité anarchique imposée par le Code civil que Comte traite des relations fraternelles, naturellement inégalitaires selon lui. L'argent ne doit pas troubler la famille, tel est le message livré par Comte, qui est favorable à la liberté de tester et de transmettre éventuellement des capitaux à l'extérieur de la famille. Il pense qu'ainsi les fils cesseront de convoiter les biens paternels, tout comme ils ont été conduits déjà à renoncer à succéder professionnellement à leurs aînés. Alors, « rien ne troublera plus le développement naturel de leur affection mutuelle » [1852]. En outre, si les filles sont exclues de la succession paternelle par une interdiction d'hériter, « les frères se sentiront activement réunis par leur commun protectorat envers les sœurs », conformément à l'élan vers le faible inscrit dans la définition de la famille positive [*ibid.*]. C'est ainsi que l'analyse des relations fraternelles permet de retrouver l'idée qui forme le cœur de la matrice théorique de l'œuvre de Comte : « Dans chaque devoir, chacun n'est que la contrepartie individuelle d'une expérience collective » [Procacci, 1993]. Les devoirs mutuels nous lient les uns aux autres par un jeu d'interdépendance : c'est dans cet espace qu'est restaurée la solidarité sociale, laïque et citoyenne où se mêlent affection, coopération et acceptation des différences.

Les cadets au service de la famille-souche (Le Play)

La sociologie leplaysienne est en quête d'harmonie et de paix sociale. C'est ce qui la conduit à penser dans le même temps esprit de dévouement et esprit de sacrifice. Selon Le Play, sans discordes entre patrons et ouvriers il n'y aurait pas de question sociale, tout comme il n'y aurait pas de familles instables s'il y avait dévouement total du groupe domestique à la perpétuation de la maison. L'harmonie collective peut dès lors impliquer le sacrifice personnel comme l'un des modes de régulation privilégiés des relations intrafamiliales. Michelet rendait grâce à l'esprit de sacrifice qui poussa une partie des frères et sœurs de sa mère et de son père à renoncer au mariage pour soutenir l'effort éducatif concentré sur quelques garçons mis au collège. Avec Le Play, la transmission intégrale du bien de famille à l'aîné forme un objectif fondamental. Si les cadets doivent accepter l'une des trois solutions qui s'offrent secondairement à eux afin de faire prévaloir l'intérêt du groupe, celles-ci ne sont pas moralement équivalentes. La solution la moins louable, l'émigration, concerne des cadets peu animés par l'« esprit de paix » [1879]. Une solution déjà plus appréciable consiste à ne pas réclamer la part du bien qui leur reviendrait de droit et à recevoir l'équivalent monétaire sous la forme d'une dot. Enfin, les cadets les mieux intentionnés peuvent opter pour le célibat et rester dans la maison, ou encore embrasser la carrière sacerdotale, en renonçant à leur part d'héritage en faveur de l'aîné. Cette troisième solution sert bien les intérêts du groupe domestique puisqu'elle assure la conservation intégrale du bien de famille. Le célibat est présenté comme une modalité du dévouement, comme la « condition sociale qui, lorsqu'elle est conforme au vœu des individus, fortifie la constitution de la famille-souche » [*ibid.*]. Il est clair que le célibat doit être volontairement choisi et non subi. Le sacrifice des cadets implique qu'un esprit l'anime activement. Il est acceptable dès lors que la maison leur reste toujours ouverte. La famille-souche représente l'archétype de la communauté souvent idéalisée, lieu à la fois de « quiétude » et de « récréation », espace où les plus faibles, ceux ne pouvant « prospérer comme chefs de famille » ou « ayant échoué dans leurs entreprises », trouvent un « asile toujours ouvert », même pour exercer un rôle de domestique [1857-1877]. La famille forme un protectorat, pour reprendre l'image proposée par Comte. Le Play est par ailleurs conscient des risques associés à une situation où l'intérêt collectif écrase l'intérêt individuel. La monographie des Mélouga révèle l'importance de la dimension affective pour le maintien d'un ordre familial harmonieux et, par suite, d'une stabilité de l'organisation sociale. Tout en étant avare de détails, Le Play montre que la satisfaction de tous est nécessaire et doit en conséquence être activement recherchée, à l'appui d'arrangements empiriques. Assurer aux cadets la disposition d'un petit revenu, c'est leur permettre d'accéder à des biens possédés à titre individuel, chacun en étant l'exclusif bénéficiaire, la possession personnelle d'un couteau pouvant par exemple constituer une source de satisfaction. Ces expédients permettent de ne pas écraser les « justes exigences de la liberté individuelle » [*ibid.*]. Mais il est tout aussi clair que, s'ils sont fonctionnels, c'est à titre résiduel, ils ne sauraient menacer la quête de l'objectif prioritaire qui consacre l'inégalité des frères et sœurs.

L'avènement d'un type familial sentimental est décrit par de nombreux auteurs, qui expriment néanmoins une inquiétude. Si la famille forme un ordre, comment pourrait-elle reposer sur la seule dimension affective ? Les sociologues du XXe siècle n'ont pas abandonné l'interrogation.

V / Les sociologies contemporaines de la famille

On enregistre un renouveau de la sociologie de la famille dans la seconde moitié du XXᵉ siècle. Témoin de son essor, Louis Roussel remarque qu'au « début des années soixante, en Europe, la famille ne faisait guère de problème » [1989]. Quelques décennies plus tard, elle est scrutée par l'homme de la rue comme par la communauté scientifique. L'émergence d'une sous-discipline de la sociologie, spécialisée dans son étude, consacre des intérêts multiples. Toutefois, loin de refléter exclusivement le présent, les théories sociologiques contemporaines de la famille s'inscrivent aussi dans une tradition. Leurs interrogations principales restent proches de celles enregistrées au XIXᵉ siècle. Les textes contemporains laissent néanmoins aussi affleurer les limites théoriques d'une tradition sociologique dont les cadres, inventés dans un contexte, ne sont pas toujours adaptés au nôtre. Si l'explosion récente de la production sociologique sur la famille n'est pas le produit mécanique des phénomènes et des questionnements sociaux contemporains, elle n'est pas non plus le produit passif de son histoire séculaire. La complexité et la variété des approches sociologiques contemporaines expriment cette tension entre la force, voire la revendication consciente de l'héritage, et l'imagination innovante.

1. La famille : un objet d'observation et d'intervention

Nouvelle question familiale, nouvelle question sociale

La sociologie de la famille se développe, au XXe siècle comme au XIXe siècle, lorsque le sentiment d'une rupture en matière familiale et sociale est particulièrement pressant *et* que des changements à l'intérieur du champ scientifique favorisent en outre cet essor. Selon la formule employée par Marzio Barbagli, « tout se passe comme si d'un coup, à partir de 1965, des millions de personnes éloignées entre elles de milliers de kilomètres, avec des traditions, des idées, des niveaux de revenu, des styles de vie profondément différents, s'étaient accordées pour changer les règles par lesquelles les familles se forment, se transforment, s'agrandissent, se séparent et disparaissent » [Barbagli, 1990]. Ce constat, assimilé par certains sociologues à une situation de « crise », va favoriser la multiplication des recherches sur un domaine relativement délaissé depuis le début du XXe siècle. En France, l'essoufflement de l'école durkheimienne au lendemain de la Première Guerre mondiale avait entraîné une stagnation du développement des études sur le thème familial et, plus largement, un relatif immobilisme de la discipline elle-même. Le contexte politique contribua un quart de siècle plus tard à discréditer des recherches suspectées de sympathie avec les idées pétainistes, qui mettaient en valeur la famille. Exception faite de l'enquête devenue classique d'Alain Girard sur *Le Choix du conjoint* [1964], les recherches françaises en sociologie de la famille restent ainsi limitées jusqu'aux années soixante-dix. Lorsqu'elles existent, elles relèvent d'autres domaines, des travaux sur la classe ouvrière notamment, ou sont plutôt classées dans le domaine de l'ethnologie [Bourdieu, 1972]. Dans le *Traité de sociologie* dirigé par Georges Gurvitch et publié en deux volumes en 1958 et 1960, ouvrage qui fit référence, on ne recense aucun article consacré à la famille.

Aux États-Unis, la sociologie de la famille figure plus vite qu'en Europe dans de nombreux travaux empiriques. Dans le contexte des années vingt-trente, l'une des perspectives d'analyse privilégiée est l'étude de la désagrégation des familles traditionnelles immigrées à la suite de leur arrivée dans la société américaine. Ce thème est traité par l'école de sociologie de Chicago, sensible aux phénomènes d'urbanisation. Dans une recherche comparée — *The Polish Peasant in Europe and in America* [1918-1920] —, W.I. Thomas et F. Znaniecki abordent l'analyse des familles d'origine polonaise en essayant de montrer que la fonction de solidarité communautaire qui les anime tout d'abord disparaît déjà avec la deuxième génération. Bien que leurs travaux aient été plus nombreux que sur le Vieux Continent, les chercheurs américains ne les multiplient significativement que dans les années soixante et, plus encore, les années soixante-dix [Michel, 1972]. Un processus de « problématisation » du thème de la famille est engagé, qui mobilise à la fois des chercheurs, des politiciens et des travailleurs sociaux remplaçant les médecins, les observateurs sociaux et les administrateurs du XIXe siècle. L'exemple fourni par les États-Unis permet d'identifier ces trois mouvements politiques et d'opinion dont l'affrontement favorise l'essor d'une prise de conscience de la « question familiale » repérable également en Europe. Les radicaux, sous la poussée du Mouvement de libération des femmes, critiquent la division sexuelle des rôles dans la famille, décrite comme un espace autoritaire et coercitif. Les conservateurs se montrent hostiles aux changements législatifs relatifs au divorce et à l'avortement, ils saperaient les fondements institutionnels et organiques de la famille. Enfin, les professionnels — psychologues, sociologues de l'éducation, médiateurs familiaux, travailleurs sociaux — revendiquent un droit de regard sur une famille incapable de résoudre elle-même les problèmes qui l'assaillent [Berger et Berger, 1983].

En France plus particulièrement, comme au XIXe siècle, la question familiale investit pleinement les débats au moment où semble ressurgir une menace que la croissance économique soutenue et régulière de la période des « trente glorieuses » avait rendue inimaginable. S'exprimant par l'augmentation du chômage, le recul des emplois stables, l'explosion des emplois précaires, une nouvelle insécurité du travail conduit certains auteurs à parler de néo-paupérisation, de résurgence de la question sociale [Castel, 1995]. Cette nouvelle pauvreté et les processus de « disqualification sociale » [Paugam, 1991] qui l'entourent interrogent les observateurs, qui les mettent en relation avec la diffusion de phénomènes d'isolement associés à certaines formes de restructuration familiale. La mise en évidence de cercles vicieux de précarisation et de discréditation contribue ainsi à réactualiser des interrogations sur les relations entre lien familial et lien social, et, comme un siècle plus tôt, nombreux sont ceux qui misent sur l'éducation, la formation et, désormais plus nettement, la spécialisation pour remédier aux difficultés et conjurer les risques de paupérisation. Les interprétations sont cependant beaucoup moins interventionnistes, les auteurs dissociant plus nettement les apports théoriques des prises de position pratiques engageant des valeurs morales et politiques. L'accent mis sur une posture plus soucieuse d'une « neutralité axiologique » [Weber, 1965] et sur un contrôle actif et conscient du point de vue sélectionné par l'observateur explique partiellement ce retrait. Mais c'est aussi la forme de l'engagement qui a changé, car le travail du chercheur se traduit moins dans des ambitions de réforme.

Le choc démographique

Le retour en force de la scène familiale est favorisé par l'essor d'une discipline qui joue un rôle essentiel, la démographie [Segalen, 1991]. Nombreux sont les spécialistes des sciences sociales à attribuer aux données démographiques la force d'images synthétiques reflétant les bouleversements domestiques. Ceux qui croient repérer des modifications profondes et durables de la famille classique héritée du XIXe siècle les font ainsi débuter en 1965, année où les « sismographes démographiques » s'affolent un peu partout en Europe [Roussel, 1987] et, plus largement, en Occident, selon un mouvement dont la convergence est remarquée. Récurrente en France [Lenoir, 1985], l'inquiétude populationniste attire notamment le regard scientifique sur la chute de la fécondité. Entamée au XIXe siècle, on découvre que la décroissance de la courbe de la natalité se poursuit en Occident, annulant les espoirs nés pendant la période de l'après-guerre avec le *baby boom.* Dans la plupart des pays occidentaux, le seuil de remplacement des générations qui garantit une population stationnaire, estimé dans notre régime de mortalité à 2,1 enfants par femme, n'est plus atteint. En 1994, l'indice conjoncturel de fécondité est estimé à 1,45 enfant par femme en moyenne européenne, alors qu'il s'élevait en 1965 à 2,72 [Eurostat, 1996]. Le recul enregistré sur une trentaine années est important, mais son interprétation restait délicate. Il était possible qu'il ne corresponde qu'à un simple report, à un retard massif dans le calendrier de la procréation. Si la fécondité n'a cessé de diminuer avant vingt-six ans, elle a en effet augmenté après cet âge. Démographes, sociologues et responsables des politiques familiales se sont donc trouvés confrontés à une interrogation majeure : les naissances différées seraient-elles rattrapées ultérieurement ? La question engageait la définition théorique du fait familial puisque, en fonction de la réponse donnée, celui-ci serait analysé dans la continuité d'avec le passé ou bien devrait être repensé dans une logique de rupture et/ou de recomposition. Avec les années, c'est la seconde hypothèse qui a peu à peu été favorisée.

La diversification des formes familiales repérée par les démographes fournit une autre donnée pour saisir les nouvelles interrogations sociologiques sur la famille. Un travail de redéfinition des formes de vie familiale ne reposant pas sur le mariage est engagé à cette occasion. Depuis la fin du XIXe siècle, l'expertise médicale à connotation psychiatrique appréhendait ce qu'elle jugeait relever de l'anormalité par l'intermédiaire de la catégorie de familles « incomplètes » ou « dissociées ». Étaient amalgamées des situations hétéroclites d'enfants ne vivant pas chez leurs parents, orphelins, enfants abandonnés, enfants naturels, enfants dont les parents étaient séparés ou divorcés [Lefaucheur, 1989]. Sollicités par les constats démographiques, les sociologues prennent de la distance à l'égard des anciennes manières de voir moralisantes. Ils inventent un vocabulaire pour désigner des formes familiales dont le poids quantitatif est croissant. À la fin des années soixante-dix, la catégorie « familles monoparentales » émerge, qui ne retient, parmi les enfants des « familles dissociées », que ceux vivant avec un seul parent. En Europe, et bien que leur mesure pose des difficultés [Saraceno, 1988], le nombre des familles monoparentales est en forte augmentation dans la décennie quatre-vingt. En 1990, sur les douze pays de la Communauté, leur proportion n'était inférieure à 10 % qu'au Portugal et en Grèce [Eurostat, 1996]. Il s'agit principalement de familles composées de mères vivant seules avec leurs enfants. Le veuvage ne rend compte que d'une partie décroissante de ces formes de vie familiale dont la diffusion s'explique plutôt par l'accroissement des divorces et des séparations. Le constat démographique interpelle ainsi la réflexion sociologique en lui soumettant de nouveaux objets.

L'impact de la démographie ne s'arrête pas là. Au terme des années quatre-vingt est proposée une autre catégorie, celle des « familles recomposées ». Elle recense, parmi les enfants des anciennes « familles dissociées », ceux qui vivent avec un seul de leurs parents habitant lui-même avec un conjoint qui n'est pas leur père ou leur mère biologique et, éventuellement, les enfants de celui-ci [Lefaucheur, 1989]. Du fait de la fréquence et de la précocité des divorces et de la fréquence des remariages — un mariage sur trois en France dans les années quatre-vingt-dix —, les familles recomposées sont de plus en plus nombreuses, surtout dans les pays anglo-saxons. Comme pour les familles monoparentales, leur développement a engendré, outre-Atlantique notamment, une explosion de recherches : s'appuyant sur des sources américaines, Irène Théry affirme qu'en moins de dix ans 600 rapports de recherche, 135 livres et articles destinés au grand public et 95 articles scientifiques ont été rédigés, plaçant ce thème en tête dans le domaine de la famille [1993*a*]. En France, quoique plus répandues qu'auparavant [Le Gall et Martin, 1993], ces formes familiales restent minoritaires. Les interprétations divergent sur la signification du phénomène, la diffusion des familles recomposées renvoyant à une question théorique centrale : constituent-elles des tentatives pour « recoller les débris d'une institution en pleine décomposition » ou « incarnent-elles les nouvelles tendances de l'organisation familiale » [Burguière, 1993] ?

De par leur rapidité et leur concordance internationale, les remous démographiques concourent à donner aux recherches sur ce domaine une « tonalité d'urgence » [Kellerhals et Roussel, 1987]. Le sentiment d'un bouleversement radical favorise le renouveau de recherches sociologiques sur la famille. Aujourd'hui comme au XIXe siècle, la famille s'impose comme objet d'étude lorsqu'elle peut être perçue comme une institution en « crise » et les images multiples qu'elle offre d'elle-même redonnent vigueur à l'interrogation sociologique fondamentale déjà identifiée par le passé : comment penser un ordre familial et un ordre social dans un contexte de changements rapides observables par les contemporains ?

Famille et État : la redécouverte des solidarités familiales

Dès le XIXe siècle, Durkheim met l'accent sur le rôle joué par l'État moderne et ses agents dans la définition sociale et la structuration de la famille. Par l'intermédiaire de l'hygiénisme, de la philanthropie, de l'incitation à la natalité puis, on le verra, de normes de nature de plus en plus psychologique, la sphère privée entre toujours plus dans le champ d'action de la sphère publique. Au cours du XXe siècle, dans les sociétés occidentales, la généralisation du *Welfare State* accentue ce phénomène de définition et de codification de la vie privée. Dans le même temps, elle garantit pour chacun des membres des familles des conditions d'accès à son autonomie [de Singly, 1993*a*]. L'État-providence, pivot d'une « société assurantielle » [Ewald, 1986], s'est en effet révélé former un puissant facteur d'individualisme. Dans une société de quasi-plein-emploi, l'État soutient les conditions d'existence du lien social grâce à un système étendu de protection sociale qui soustrait les individus aux dépendances traditionnelles de voisinage et de lignage. Cette situation apparaît sinon révolue, tout du moins déclinante à la fin du XXe siècle. La moindre centralité du travail dans le processus d'intégration sociale se conjugue alors avec le vieillissement de la population pour remettre en question la prise en charge étatique des dépenses sociales [Attias-Donfut, 1995]. Si, jusqu'aux années soixante, la part relative de ces dépenses rapportée au produit national brut, en matière de prestations familiales, de services de santé et d'éducation, a crû constamment, elle tend à être limitée à partir des années soixante-dix [Sgritta, 1997].

C'est dans ce cadre de recul de l'État-providence qu'il faut rechercher un troisième facteur ayant contribué à propulser la famille sous les projecteurs de l'actualité. La redéfinition du partage des responsabilités entre les familles et l'État entraîne un processus de recomposition des rapports noués entre la sphère privée et la sphère publique. Le désinvestissement progressif de l'État est favorisé par, et favorise lui-même, la (re)découverte et la promotion d'instances capables de le remplacer, à savoir le réseau des solidarités privées, mises en œuvre par les membres de la famille et « oubliées » en période de croissance économique. Ce regain d'intérêt se nourrit de l'espoir que les familles pourraient devenir non seulement créatrices d'emplois, mais surtout distributrices de services. Cumulant l'avantage de la gratuité et celui de former des structures sociales élémentaires aptes à renforcer les liens interindividuels, elles sont redécouvertes au moment où d'autres institutions ou cadres sociaux apparaissent défaillants [Pitrou, 1995]. On comprend alors que les discours démographiques sur la crise de l'institution du mariage ne soient pas antinomiques avec ceux qui clament une résurgence des vertus de la famille. Ce nouveau « familialisme » n'a toutefois de sens qu'à condition de le rapporter au type de famille qu'il vise. Sans nier le protectorat garanti par la famille conjugale, les pouvoirs publics exaltent les liens, repérés à partir des échanges de biens et services, que chaque foyer entretient avec sa parenté élargie, si bien que l'on peut « parler d'une opportune redécouverte de la parenté » [Martin, 1995]. L'enjeu en est moins scientifique que politique.

Plusieurs enquêtes réalisées au cours de ces dernières années ont toutefois recensé les limites d'un retrait des solidarités publiques. Elles ont tout d'abord permis de constater que la sollicitation de l'assistance privée doit composer avec le fait qu'elle incombe, en réalité, principalement aux femmes [Rossi et Brabanti, 1994]. Si l'on prend l'exemple de la garde du jeune enfant confronté à une petite maladie passagère, le débat s'enlise : faut-il étendre de façon systématique le droit du recours au congé, au risque d'augmenter le fardeau domestique et d'affaiblir l'investissement professionnel féminin ? Les femmes interrogées, bien que souvent tiraillées entre leur rôle de mère et leur rôle de salariée, ne jugent pas cette solution idéale [de Singly, 1993*b*]. Les enquêtes ont par ailleurs révélé que le réseau familial n'est pas un substitut des solidarités d'État. Les échanges entre foyers apparentés sont, de par leur fonction, leur régulation et leurs effets sociaux, d'une autre nature que les aides dispensées par les pouvoirs publics [Déchaux, 1995*a*]. La parenté ne forme pas un modèle de solidarité sociale parce qu'elle n'est pas en mesure d'assurer une véritable péréquation des ressources : au contraire, elle peut même contribuer à accentuer les inégalités sociales [Déchaux, 1994]. La prise en charge familiale engendre également des conséquences pernicieuses pour ses bénéficiaires en affaiblissant la capacité d'autonomie individuelle et de mobilisation des liens qui favorisent une intégration et une promotion sociales [Kaufmann, 1994].

2. La famille entre l'individu et la société

La famille : une entité socio-historique

La famille tend à redevenir un observatoire privilégié du lien social dans ses retranchements privés. Les sociologues contemporains se penchent sur elle en reprenant aux pères fondateurs au moins deux garde-fous. Ils ne séparent pas les formes concrètes de la vie familiale des formes de la vie sociale et ils ne dissocient pas le changement familial du changement social dans lequel il se déroule : la perception du lien familial engage une perception du lien social. L'abandon de la grande théorie, survenu au lendemain du second conflit mondial au profit d'approches de moyenne portée — les *middle range theories* de Merton —, ne s'est pas traduit par l'oubli des grands principes d'analyse retenus par les sociologues du XIXe siècle pour étudier la famille. Le renouvellement est toutefois largement imputable aux apports d'autres disciplines.

• *La thèse de la nucléarisation familiale (Parsons).* — La thèse de la progressive contraction de la taille de la famille occidentale est développée par l'Américain Talcott Parsons (1902-1979) et souvent interprétée comme couronnant la tradition classique. Parsons voit dans la famille nucléaire un produit spécifique de la modernité. Comme Engels, Marx, Tocqueville, Comte et Durkheim, qui conçoivent l'organisation domestique comme une variable dépendant de la structure sociale, il soutient que l'institution familiale a été transformée par la révolution industrielle. Il pense repérer une réduction du nombre de ses membres et un transfert de ses fonctions au profit d'autres institutions. Un processus de différenciation sociale, de démultiplication des agents remplissant une même fonction est en cours : des organismes tels l'État, l'école, l'entreprise et les mass media entrent en concurrence avec la famille, en matière éducative comme dans la sphère productive. Ce premier phénomène est corrélé à un second, de réduction de la taille de la parenté. Le système de parenté américain s'organise essentiellement autour de sa dimension conjugale. C'est cette dernière caractéristique qui fait de ce lien la clé de voûte du système américain : il est « exclusivement constitué » de familles conjugales « qui s'emboîtent », avance Parsons [1955]. Concerné par le phénomène universel de la prohibition de l'inceste, Ego est donc normalement relié à deux familles conjugales. La première est celle dans laquelle il naît, elle est appelée famille d'orientation. La seconde est nommée famille de procréation, elle est créée par le mariage d'Ego. La famille conjugale « typique » vit dans un foyer indépendant, avec des ressources économiques propres réunies grâce au pourvoyeur de revenus du ménage, indépendamment de « toute liaison particulariste avec ses parents » [*ibid.*]. L'isolement structurel de la famille conjugale marque aux yeux de Parsons sa prééminence dans l'esprit des acteurs sociaux. Ego est « premièrement attaché à son conjoint, et à leurs enfants communs » [*ibid.*]. Comme l'Américain de 1830 décrit par Tocqueville, l'individu adulte présenté par Parsons attribue plus d'importance au lien conjugal dans la mesure où le lien avec ses ascendants et collatéraux s'est desserré. En France, la réception du texte parsonien, moins traduit que dans d'autres pays, s'est moins arrêtée sur cet aspect théorique que sur la division sexuelle des tâches éducatives et domestiques [Michel, 1972]. Parsons accentue le fait que le couple est dans une « relation dissymétrique par rapport à la structure professionnelle » [1955] et que la fonction de pourvoyeur de revenus est dévolue à l'homme. Dans la lignée des propos de Tocqueville et de Comte, il crédite cette répartition des tâches, instrumentales pour l'homme et affectives pour la femme, d'une plus grande efficacité de fonctionnement du groupe.

Si l'analyse de Parsons n'est pas sans rappeler celle de Tocqueville, on enregistre néanmoins une différence sensible entre leurs travaux. Pour Parsons, le terme de la comparaison n'est pas la société européenne traditionnelle mais les sociétés « archaïques » étudiées par l'anthropologie anglo-saxonne. En revanche, comme Tocqueville et Durkheim, il souligne l'originalité du type familial qu'il étudie et qui lui apparaît radicalement neuf, « sans équivalent dans aucune société archaïque » [*ibid.*]. Cette insistance à relever le caractère nouveau de son objet renvoie à un corollaire de sa thèse sur le rétrécissement du groupe domestique : la famille américaine contemporaine peut remplir des fonctions inédites qui s'accordent avec les besoins de la société moderne dont elle est le produit. Conceptuellement plus achevée que celle de Tocqueville, la sociologie parsonienne de la famille repose sur la mise en valeur de deux fonctions centrales. D'une part, l'auteur met l'accent sur le processus de socialisation primaire, sur l'intériorisation par l'enfant des valeurs de la société dans laquelle il naît. C'est par l'intermédiaire de l'amour de ses parents que l'enfant réussit à l'école et s'intègre dans le groupe de ses pairs d'âge. Il apprend ainsi à développer les motivations nécessaires à sa réussite personnelle, condition indispensable de son intégration dans une société fondée sur l'accomplissement [Bawin-Legros, 1996]. D'autre part, Parsons soutient que la vie de couple et la vie de famille peuvent assurer les conditions du maintien de la stabilité des personnalités adultes. Une telle fonction suppose que les partenaires s'élisent en suivant leurs penchants, le *romantic love complex* refusant le mariage arrangé ainsi que le contrôle des parents : les « tendances affectives » doivent être libérées de la série des restrictions qui ont historiquement limité leur épanouissement. Dans la civilisation américaine, note l'auteur, « la tendresse n'est pas compatible avec la contrainte », l'amour de l'autre est l'expression d'un choix strictement personnel [1955].

C'est la prise en compte de ces deux fonctions qui fait dire à Parsons que ce type de famille non seulement est adapté à la mobilité résidentielle et professionnelle des classes moyennes urbaines, mais encore qu'il contribue à produire un individu capable d'autocontrôle et d'action dans une société libérale et démocratique. Et c'est l'analyse de ces mêmes fonctions qui lui permet également de dévoiler les tensions internes évitant de donner à son tableau une tournure trop irénique. En effet, si l'enfant est l'objet d'une affection accrue, de soins plus importants, il est aussi soumis dès son plus jeune âge à une contrainte : les relations qu'il entretiendra avec le groupe de ses pairs seront relativement indépendantes du statut de sa famille. Il devra trouver sa place par ses propres moyens. Ainsi, par exemple, entre la prime socialisation et l'entrée dans la vie de couple, l'adolescence et la jeunesse ne forment pas seulement des périodes d'apprentissage de la vie adulte, mais aussi des temps de fortes tensions entre la dépendance affective parentale et l'orientation vers l'acquisition du statut personnel : ce sont ces tensions qui permettent de rendre compte, selon Parsons, de certaines conduites juvéniles comme l'irresponsabilité, le goût du plaisir ou la recherche intense de l'amour romantique. Le contraste entre, d'un côté, l'importance des parents pour la construction de la personnalité du jeune et, d'un autre côté, l'inadéquation objective de leur situation quand il s'agit de le soutenir à l'extérieur, est frappant : « L'importance des liens familiaux s'y trouve renforcée, mais la nécessité de nous en libérer y est fortement soulignée » [*ibid.*]. Un paradoxe de la famille conjugale contemporaine est ainsi énoncé. Il sera souligné par d'autres auteurs, on le verra.

• *La critique du Cambridge group.* — L'apport de la démographie historique et de l'ethnologie s'inscrit dans une critique en profondeur de la vulgate des thèses élaborées au cours du XIXe siècle et prolongées au XXe siècle avec la sociologie de Parsons. Vers le début des années soixante-dix, les chercheurs du Cambridge group mettent au point une méthode afin de classer les ménages européens de la période moderne en fonction de leur taille et de leur structure. Le travail rangerait au musée des mythes sociologiques la thèse de la nucléarisation de la famille occidentale. À partir des recensements de cent paroisses anglaises, urbaines et rurales, étudiées sur une période allant de 1574 à 1821, ces chercheurs distinguent cinq types de ménages [Laslett, 1972]. Les ménages *simples* ou *nucléaires* sont constitués d'une seule unité conjugale complète — époux, épouse avec ou sans enfants — ou bien incomplète — veuf ou veuve avec enfants —, à l'exclusion de tout autre individu apparenté. Les ménages *étendus* rassemblent une unité conjugale et un ou plusieurs parents corésidents. Les ménages *multiples* sont formés de deux ou plusieurs unités conjugales.

Les ménages *sans structure* ne comportant pas d'unité conjugale, ils sont constitués par des individus ayant — ou non — d'autres rapports de parenté. Enfin, les ménages *solitaires* ne comprennent qu'une seule personne, avec ou sans domestiques. Le dépouillement a montré que, dans 89 % des cas, le nombre d'individus vivant dans chaque ménage était compris entre quatre et six et qu'entre 1574 et 1821 ce chiffre reste constant. Le pourcentage de familles complexes, étendues et multiples, est resté stable autour de 10 %. En étendant les recherches à toute l'Europe, il a été calculé que la taille des ménages était sensiblement identique, sauf cas exceptionnels. Ces résultats ne pouvaient être interprétés qu'en formulant deux hypothèses qui s'excluaient mutuellement : ou bien la famille étendue est antérieure au XVIe siècle, et remonte au Moyen Âge, ou bien la famille nucléaire est un trait européen, un invariant qui ne doit rien à la modernité. Dans les deux cas, pour Laslett et ses collaborateurs, l'industrialisation n'a pas eu pour effet de réduire la taille et de simplifier la structure des ménages.

Les découvertes des chercheurs britanniques ont contribué à modifier la perception des rapports complexes qui lient le changement social et le changement familial, rapports moins linéaires que les sociologies classiques ou celle de Parsons ne le prétendent. D'autres travaux [Goode, 1963] avaient déjà montré que la famille n'est pas l'objet passif des mutations sociales, mais un acteur qui contribue à définir les modalités et les directions du changement dont elle n'est pas déconnectée. Contrairement à la sociologie, l'ethnologie évite de considérer la famille du XIXe siècle comme le produit unique et exceptionnel de mutations elles aussi uniques et exceptionnelles. Cela s'explique par sa méfiance à l'égard de la pensée idéal-typique dont la sociologie classique raffole ainsi qu'on l'a vu en présentant ses typologies comparées des liens familiaux et sociaux. Là où, pour un sociologue, la distinction entre la communauté et la société est féconde, elle est jugée approximative par un ethnologue. L'adoption de grandes catégories opposées finit par exagérer la spécificité et l'unicité de cette configuration qu'est la modernité [Goody, 1983]. La tradition devient alors une jauge commode, construite de façon non critique [Hobsbawm et Ranger, 1983].

• *La naissance de la famille moderne.* — Les historiens contribuent eux aussi à raviver les études sociologiques sur la famille. Ils en font l'un des objets de leurs investigations, toujours plus éclatées de leur propre aveu. Longtemps considérée comme relevant d'un secteur mineur, voué à l'érudition nostalgique et réactionnaire [Burguière, 1986], la famille devient l'un des territoires de l'historien lorsque la discipline cesse de se concentrer sur l'histoire des élites et s'ouvre à une histoire de toute la société.

À la différence du Cambridge group, l'histoire sociale a focalisé son attention sur d'autres éléments que la taille et la structure des ménages : le vécu, la mentalité, le type de relations nouées dans la famille lui apparaissent tout aussi importants et l'intérêt qu'elle va leur porter influencera tout un pan de la sociologie de la famille. Si les données statistiques et démographiques fournissent des images précieuses des familles du passé, les historiens prônent l'étude complémentaire d'une autre dimension : en privilégiant l'analyse des rapports familiaux internes et des configurations de sens qui leur sont associées, ils soulignent la nécessité de ne pas confondre la structure des ménages avec leur fonctionnement interne. Ils recommandent de faire preuve d'une attitude critique à l'égard des données purement morphologiques et de se méfier des prétendus invariants au nom du fait que la « stabilité de la forme résidentielle cache des changements énormes dans la réalité des rapports humains » [Stone, 1977]. En changeant de point de vue, les historiens des relations familiales, tels Ariès, Stone ou Shorter, placent donc au cœur de leurs travaux les mutations de l'intérêt que les acteurs portent à la vie de famille. Shorter [1977] affirme ainsi que le sentiment a connu une excroissance importante et conquis la famille vers la seconde moitié du XVIIIe siècle tandis que, selon Stone [1977], ce type familial sentimental aurait émergé dès 1620. Au-delà des discordes relatives à la périodisation, l'approche présente de grands mérites : elle poursuit l'interprétation des conséquences de la modernité sur le fonctionnement du monde domestique engagée plus d'un siècle auparavant. Parmi les éléments qui marquent la naissance d'un modèle spécifique de relations familiales, on peut noter la disparition du mariage arrangé au profit du mariage d'inclinaison [Shorter, 1977] et l'avènement de la figure de l'enfant roi [Ariès, 1960], deux territoires de recherche sur lesquels Comte et Tocqueville avaient commencé à s'aventurer. Ces approches tendent en effet à prolonger la pensée sociologique des auteurs classiques.

Prenons l'exemple d'Ariès. Dans son livre *L'Enfant et la vie familiale sous l'Ancien Régime* [1960], il oppose les sociétés traditionnelles aux sociétés industrielles en caractérisant les types familiaux qu'elles abritent. La démonstration s'appuie sur deux éléments ; d'une part, et là est le sens de la longue enquête historique réalisée, l'auteur répertorie les nombreux signes de la naissance du sentiment de l'enfance : l'étude des sources iconographiques montre que la société médiévale se représentait mal l'enfant. En analysant la forme des habits enfantins, le contenu des jeux qui leur sont proposés et la production d'une littérature à but pédagogique, il conclut à l'émergence d'un souci éducatif manifesté par les adultes. À partir des XVIIe et XVIIIe siècles, la conscience de la particularité de la condition de l'enfance s'impose : la découverte de l'innocence et de la faiblesse de l'enfance va de pair avec le devoir de préserver l'une et d'armer l'autre. D'autre part, Ariès montre que, pour atteindre cet objectif, l'école et le collège se voient confier la mission de séparer de plus en plus les enfants de la société des adultes, de leur fournir une formation autant morale qu'intellectuelle, de les dresser grâce à une discipline plus rigoureuse, plus efficace, plus rationnelle.

Ce qui frappe Ariès, c'est la concomitance de ces deux ordres de faits, l'un apparaissant privé, l'autre relevant plutôt d'une logique publique. Paradoxalement, c'est dans la mesure où l'enfant est scolarisé qu'il acquiert aux yeux de ses parents une importance nouvelle et devient dans le même temps l'objet de soins et de marques d'affection. C'est l'insistance d'Ariès à révéler ce lien qui le rattache à la tradition sociologique jusqu'à pouvoir être situé dans la lignée théorique de Durkheim [de Singly, 1993*a*], tant leurs démarches sont proches. Durkheim accordait en effet lui aussi à un facteur extérieur à la famille, l'État, un rôle important non seulement dans la structuration des relations familiales, mais dans la naissance même de ce type *sui generis* qu'est la famille conjugale. Pour les deux auteurs, une conclusion s'impose : à mesure qu'elle devient de plus en plus publique, par l'intermédiaire de l'État et de l'école, la famille se privatise.

L'impact de nouvelles méthodologies

Les travaux des historiens des mentalités invitaient les sociologues à porter un regard neuf sur le fonctionnement interne de la famille en un moment où la tradition classique de la famille avait été quelque peu oubliée. Ils leur faisaient également découvrir de nouveaux matériaux mettant en valeur la construction de l'espace privé dans la société bourgeoise, mais aussi dans des périodes historiques et des régions géographiquement éloignées. C'est en poursuivant les études pionnières d'Ariès que Georges Duby, tout d'abord, Michèle Perrot à sa suite avec d'autres collaborateurs s'attachent à scruter le monde de l'intimité domestique dans la monumentale *Histoire de la vie privée* [1985-1987]. Faute d'archives laissant affleurer la vie quotidienne des familles contemporaines, faute de pouvoir espérer lire ce fonctionnement dans les catégories statistiques des études quantitatives, les sociologues vont, pour satisfaire leur curiosité née de la lecture des historiens, mettre en œuvre de nouveaux outils. La sociologie de la famille profite alors d'une conjoncture favorable, la discipline mère étant elle-même en mutation. Vers la fin des années quatre-vingt, les sociologues commencent à valoriser une approche plus constructiviste du lien social et à s'ouvrir à des méthodes plus qualitatives de recueil des données.

On enregistre un triple déplacement, épistémologique, théorique et méthodologique, dans la façon de concevoir la sociologie de la famille. On peut illustrer cette mutation en comparant le contenu d'un livre qui, depuis sa parution, représente en France un jalon incontournable de l'apprentissage du métier de sociologue [Bourdieu, Chamboredon et Passeron, 1968], avec des ouvrages plus récents. Puisant dans une théorie forte du monde social, les auteurs du *Métier du sociologue* considèrent l'individu comme un *agent social*, doté de dispositions durables et permanentes, acquises au cours de sa socialisation primaire et variables avec son appartenance de classe. Tout en proposant une critique salutaire de certaines applications mécanistes des méthodes quantitatives de recueil des données, cette approche ne peut que valoriser un « bon usage » du questionnaire et de la statistique. En effet, ces derniers permettent d'objectiver les conduites en les rapportant aux formes de capitaux dont les agents sociaux disposent, les capitaux économiques et scolaires prioritairement. Ces richesses traduisent leur position dans un espace social hiérarchisé. Le réel est tout particulièrement considéré sous l'angle du déterminisme de classe : il s'oppose à l'illusoire, à l'ordre de la représentation [Corcuff, 1995].

Avec le retour sur la scène sociologique de l'*acteur social*, cette conception du métier du sociologue est désormais concurrencée. Le retournement s'opère sur de multiples plans. Tout d'abord, les sociologues portent une attention nouvelle aux identités personnelles, au vécu : l'historicité est saisie au niveau du sujet qui nomme le monde et concourt à élaborer les normes qui régissent sa vie. Dans le cadre de la socialisation secondaire, la construction identitaire au sein de la famille illustre un processus inachevé, en devenir [Dubar, 1991 ; Dubet, 1994 ; de Singly, 1996*a*]. L'étude de l'interdépendance des individus dans la structuration de l'identité de chacun prime alors sur l'étude de ce qui les sépare, de ce qui les distingue.

L'émergence de ce type d'approches contribue partiellement au recul des enquêtes quantitatives et à l'exploitation typologique des données — procédure longtemps répandue en sociologie de la famille [Kellerhals, 1987]. Ces enquêtes ont été certes victimes de leurs coûts élevés, les réservant le plus souvent aux grandes institutions tels, en France, l'Institut national des études démographiques et l'Institut national de la statistique et des études économiques, mais, surtout, elles ont été critiquées dans la mesure où le questionnaire concourt à isoler arbitrairement les individus, à en offrir une vision parcellisée [Grumbach, 1988]. Influencée par la sociologie urbaine américaine et par une (re)découverte de la sociologie allemande par la voie de l'interactionnisme symbolique et du constructivisme américains, la méthodologie de recueil des données retenue dès les années quatre-vingt donne un nouvel élan aux travaux sur la famille. Rappelant le mode d'enquête valorisé par l'anthropologue américain Oscar Lewis [1978], les travaux contemporains combinent le recueil du vécu des acteurs familiaux avec, parfois, de l'observation *in vivo* des modes de fonctionnement de la vie domestique [Schwartz, 1990], ce qui suppose la réalisation d'études intensives menées sur des échantillons de faible taille. En fonction de leurs orientations et des difficultés associées au terrain, les sociologues sélectionnent préférentiellement un outil d'investigation et de mise en ordre de la parole recueillie. Anne Gotman dresse par exemple des portraits de familles en reconstituant les logiques d'appropriation d'un héritage. Cette option lui permet de modéliser les récits des acteurs sociaux que sont les héritiers en dégageant leur rapport à la transmission. Loin de prendre en considération le déterminisme de variables comme l'âge, le sexe, la catégorie socioprofessionnelle, etc., l'auteur définit des styles de raisonnement liés à des configurations de variables. Les modèles élaborés « ne se veulent donc pas exhaustifs mais indicatifs de la diversité des dispositions à la transmission » [1988]. La critique du déterminisme linéaire de variables lourdes et la tentative de proposer une approche alternative sont encore plus prononcées dans le travail de Bernard Lahire [1995]. En se penchant sur la transmission intergénérationnelle des valeurs et des normes, il choisit d'étudier le rapport des enfants des classes populaires à l'école primaire. Partant du constat que la réussite dans ces milieux est statistiquement improbable mais néanmoins possible, l'auteur s'attache à détecter d'autres facteurs de succès ou d'échec que le milieu social. C'est ainsi qu'il prend en considération des configurations familiales en intégrant dans son analyse, entre autres, les formes d'autorité familiale ou l'investissement pédagogique parental.

Sans pour autant disparaître, le dispositif explicatif et objectivant est concurrencé par une logique plus compréhensive, plus généalogique, centrée sur la production des normes qui construisent le groupe familial.

3. La famille, encore et toujours une institution ?

Un débat théorique contemporain illustre parfaitement la manière dont la sociologie combine l'apport d'une tradition à des intuitions innovantes. Les théories sociologiques contemporaines continuent d'emprunter aux fondateurs de la discipline une attitude fondamentale lorsque leurs débats portent sur le caractère institutionnel de la famille. Une diversité de points de vue existe, les manières de penser l'institutionnel et l'épanouissement individuel dans la famille contemporaine ayant notamment poussé certains auteurs à parler de désinstitutionnalisation familiale, entrée qui forme un axe possible pour classer les théories sociologiques de la famille [Déchaux, 1995*b*].

L'institution ébranlée

Comment en arrive-t-on à penser l'ébranlement de l'institution familiale ? Là encore, la démographie joue un rôle décisif [Micheli, 1995]. Pour saisir les mutations, elle se penche sur la déstabilisation de l'institution matrimoniale, sur son déclin [Bozon, 1991]. Elle dévoile les transformations associées aux modes d'entrée dans la vie matrimoniale en constatant que les premiers mariages deviennent non seulement moins nombreux, mais aussi plus tardifs. L'âge moyen au premier mariage progresse dans tous les pays de l'Union européenne, particulièrement depuis 1975 : de 23,2 ans pour les femmes et de 25,9 ans pour les hommes en 1970, il atteint 26,1 ans pour les premières et 28,5 ans pour les seconds en 1993 [Eurostat, 1996]. Parallèlement à cette transformation de l'entrée dans le mariage, des formes de vie à deux para-institutionnelles se développent. En Europe toujours, la cohabitation s'impose peu à peu et entre dans les mœurs [Malpas et Lambert, 1993]. Associée à son développement, on observe une forte progression des naissances hors mariage, qui constituaient 8,8 % de toutes les naissances en 1980, 16 % en 1987 et 20 % en 1992 [Eurostat, 1996]. En France, ce pourcentage dépasse désormais un tiers. Enfin, un dernier indicateur important relatif aux transformations de l'institution concerne la fragilisation du lien matrimonial. Même si les différences entre pays sont importantes, les ruptures d'union ont progressé en Europe, passant de 170 000 en 1960 à 636 000 en 1993. Par synecdoque, le déclin du mariage devient pour certains l'indicateur le plus puissant du déclin de l'institution familiale, de la fragilisation du lien familial.

Tous les sociologues n'interprètent pas de la même façon ces faits. Pour certains, ils manifestent essentiellement une tendance qui fait que la famille d'instituée devient « désinstituée » [Tahon, 1995]. En analysant les changements sous l'angle de la rupture, et selon une démarche classique consistant à opposer deux phases historiques, le temps des certitudes assimilé à la tradition et le temps des incertitudes assimilé à la modernité, Louis Roussel se demande ainsi si les changements démographiques en cours ne correspondent pas, à l'échelle des pays industrialisés, à une moindre efficacité régulatrice de l'institution. Le concept est ici saisi au sens fort : chez l'homme, l'institution remplacerait l'instinct de l'animal et garantirait à l'individu sa survie en société. Faute de ce repère, la désinstitutionnalisation menacerait le lien social.

L'institution au service des individus

Certains auteurs analysent le rapport entre l'individu et l'institution sous un autre angle. Dans la continuité des études des historiens, ils confèrent aux sentiments une place de choix dans l'émergence de la famille contemporaine : la prise en compte de l'individualisme affectif les amène à replacer plusieurs phénomènes démographiques dans leur profondeur historique et à montrer ainsi que les statistiques ne parlent pas d'elles-mêmes [Kaufmann, 1993]. Cette perspective est sensible à la transformation des rapports entre les sentiments et l'institution au cours des siècles [de Singly, 1988]. D'abord déconnectés, l'amour et le mariage se sont impliqués au cours du XXe siècle jusqu'à ce que le premier se dissocie à nouveau du second au cours des dernières années. C'est cette configuration nouvelle qui permet de rendre compte de la désaffection relative des individus à l'égard de l'institution, du report de l'entrée dans le mariage, du recul des mariages, du *boom* de la cohabitation et de la croissance des divorces. Combinée à une approche constructiviste sensible au travail que les acteurs sociaux réalisent pour devenir des sujets, cette analyse veut répondre à une question centrale : pourquoi les individus continuent-ils de vivre en couple lorsque sont réunies plusieurs conditions susceptibles d'entraîner le déclin de la sphère familiale ? Les indicateurs démographiques, certes très éclairants, ne peuvent offrir une entrée exclusive pour saisir les faits familiaux, ils ne s'intéressent le plus souvent qu'à leur morphologie et ils laissent croire à une pulvérisation du monde domestique : cohabitation, familles monoparentales, familles recomposées. De Singly écarte ce diagnostic quand il postule que le mode de construction du monde domestique peut être saisi par l'intermédiaire du concept de famille conjugale, modèle dominant qui se décline sous des formes démographiques plurielles. Au XIXe siècle, les cas jugés pathologiques servaient à Comte de révélateurs des formes familiales normales. De nos jours, de Singly pratique une lecture des statistiques dans une perspective voisine : la prise en compte des nouvelles formes familiales n'oblitère pas, selon lui, la tendance majeure. La cohabitation et les recompositions familiales manifestent avec éclat la persistance du modèle de la vie conjugale, quand bien même elles impliquent une dissociation entre logiques privées et formes juridico-institutionnelles.

La déconnexion des mœurs familiales des institutions qui les régissaient permet aux familles contemporaines de remplir des fonctions nouvelles, et aux sociologues qui les observent d'attirer l'attention sur de nouveaux enjeux, de considérer autrement le changement familial. Tout en identifiant le rôle familial classique de contribution au maintien de la reproduction biologique et sociale de la société, de Singly met l'accent sur une fonction qui prend une ampleur originale : celle de soutien identitaire dans le temps court de la famille conjugale et de ses descendants les plus proches. En fait, à une société qui prend pour modèle des rapports sociaux la psychologie, correspond une famille qui doit garantir à chacun, beaucoup plus que par le passé, d'amples satisfactions individuelles : la famille trouve sa justification si elle parvient à créer les conditions de l'épanouissement de chacun [de Singly, 1993*a*]. C'est parce qu'elle remplit cette fonction de soutien identitaire que la vie de couple perdure. Contrairement à une idée reçue, la vie de couple est devenue la référence de l'idée d'*intimité*, dont Comte livrait une première ébauche, parce que la vie solitaire ne représentant pas un véritable modèle de vie alternatif [Kaufmann, 1993]. C'est la chaleur du foyer qui est valorisée et à laquelle, même si elle n'implique plus le mariage, on attribue néanmoins une action sanitaire et morale indéniable : aujourd'hui comme il y a un siècle, l'intégration familiale se révèle protectrice pour les individus [Besnard, 1997].

Si les membres d'une famille souhaitent moins être définis par leurs places et rôles respectifs que par leur vécu partagé, le regard sociologique doit en conséquence se focaliser sur la façon dont se créent les normes qui assurent à chacun des satisfactions et sur la façon dont le proche répond (ou non) à cette requête de connaissance de soi. Consciente des nouveaux enjeux, l'étude vise les interactions fines entre les acteurs familiaux ; au niveau du couple, leur examen dévoile les difficultés qu'éprouvent ses membres à concilier l'injonction à l'autonomie personnelle et la quête de soutien [Caradec, 1996].

Tout comme Parsons, ces sociologues livrent un tableau du fonctionnement du monde domestique moins idyllique qu'on pourrait l'imaginer : mettre en évidence la fonction de soutien identitaire de la famille contemporaine révèle simultanément ses contradictions internes. S'il est vrai que c'est par la médiation d'autrui que l'individu peut être (avoir la sensation d'être) lui-même, il est aussi vrai que « les liens de dépendance sont à la fois nécessaires et niés » [de Singly, 1993*a*].

L'institution absorbée dans l'individu

Tout en orientant l'analyse sur le fonctionnement quotiden de la vie de couple, Jean-Claude Kaufmann étudie les conduites des individus à partir d'un autre point de vue. Pour l'auteur, le comportement en famille n'est pas seulement le produit de la négociation et de l'explicitation des critères de satisfaction. Ainsi, l'étude du couple observé dans ses menus gestes, dans la prise en charge des tâches domestiques, par exemple, dévoile le rôle fondamental joué par le non-dit, tout ce qui est incorporé et qui, en devenant le support de routines, structure la vie à deux : l'élection dans l'institution n'érode pas sa force régulatrice mais déplace celle-ci de l'extérieur de l'individu vers son intérieur. La perte d'emprise de l'institution ne condamne pas les individus à vivre dans un vide familial. L'auteur montre dans quelle mesure l'identité personnelle se structure sur la base d'un assortiment d'habitudes incorporées qui se transforment en automatismes afin d'éviter la remise en question de l'organisation domestique et de conjurer les risques de l'*anomie* dans laquelle toute vie à deux pourrait sombrer. Tiraillés entre le désir de partager des territoires communs et la revendication d'un droit à disposer d'espaces personnels, les conjoints reconstruisent sans cesse leur lien grâce aux routines conjugales, ces puissantes sédimentations d'habitudes. En analysant un vieux couple, Kaufmann donne un sens à une vie qui semblerait anodine de prime abord : « Chaque matin, Louise et Louis-Marie refont leur monde. Toujours le même. Mais sans cette perpétuelle répétition, ils ne seraient que des abstractions. Par fragments, les mots simples rappellent quels sont leurs opinions, leurs goûts, leurs peines, leurs espoirs : leur vérité » [1989].

Il serait abusif de réduire cette approche à l'analyse des vieux couples. Les arguments concernent d'autres phases du cycle conjugal, comme la mise en couple après les premières rencontres. En se référant à George Herbert Mead, Kaufmann affirme que la connaissance du partenaire s'inscrit dans un processus cognitif actif, où chacun découvre l'autre dans l'interaction, dans le rapport au sujet regardant et agissant. Au cours de ce processus, le partenaire « typifie » [Berger et Luckmann, 1986] l'autre qui lui est encore étranger, détermine à qui il a affaire et adopte une conduite appropriée. Les règles de classement se transforment en règles de conduite qui revêtent une importance capitale pour les partenaires, pour leurs futures relations. Les débuts du couple « dessinent les grandes lignes et enferment l'avenir, parfois avec une promptitude et une intangibilité dramatiques » [Kaufmann, 1991]. C'est dans l'inconscience des premiers jours que les habitudes se forment, que les routines se mettent en place, que les règles de comportement sont définies grâce à la typification réciproque. Lorsque, par la suite, les deux partenaires s'installent dans un même logement, l'intégration du couple se fait par la définition du partage des tâches : c'est à la suite des expériences, des gestes, des habitudes, des normes, qui se constituent en un crescendo, que les clivages internes se forment et que les rôles se spécialisent [1992 ; 1997]. Le monde vécu est alors jour après jour validé par les gestes qui deviennent inéluctablement des fragments d'identité guidant à leur tour l'action dans le monde domestique. C'est en rendant compte de l'efficacité régulatrice de l'institution que Kaufmann se rapproche le plus de Durkheim : ce père fondateur de la sociologie française n'affirmait-il pas que « le centre de gravité de la conduite se trouve dans la région des habitudes » [1925] ?

Stabilité et continuité de l'institution

La quatrième attitude à l'égard de la famille saisie comme institution s'inscrit dans une autre tradition intellectuelle : la sociologie de la parenté s'est développée dans les dernières années explicitement en opposition aux théories sociologiques de la famille des années cinquante-soixante-dix, en particulier celle de Parsons. Elle se présente plutôt comme une tentative pour combiner les apports de l'ethnologie avec ceux de la démographie historique. Pourtant, quelques-uns de ses points de départ sont typiques de la sociologie durkheimienne. Elle prend acte du fait que, même « délégalisée », la famille « reste une institution inscrite dans la société » [Segalen, 1987]. Cette vocation de la famille au maintien du fonctionnement du système social n'est rien d'autre que la conséquence de l'axiome d'après lequel « une société purement contractuelle ne peut exister et il faut que la famille, sous quelque forme que ce soit, contribue au fonctionnement du système social » [*ibid.*].

Son originalité, en revanche, tient moins au fait de concevoir la famille comme un corps médiat entre l'individu et le social qu'à la pensée qu'elle ne saurait l'être qu'à la condition de s'inscrire dans le temps long de la filiation et dans le réseau de la solidarité familiale élargie. Pour cette raison, l'unité d'observation n'est plus l'ensemble des interactions nouées entre les membres de la famille conjugale, mais l'ensemble de celles tissées entre les membres de la parenté. Constatant l'insuffisance de la famille conjugale à assumer les fonctions de cohésion et d'intégration sociales, des chercheurs attribuent à la profondeur intergénérationnelle une aptitude supérieure : la parenté est une structure plus large, transversale puisqu'elle s'élargit au-delà du couple « aux générations ascendantes et descendantes, aux collatéraux » [Segalen, 1991]. La stabilité du groupe familial est explicitement recherchée dans la découverte d'autres formes de solidarité que conjugales : « L'instabilité, les ruptures et les constitutions d'unions successives ne parviennent pas à user, ni à dénouer les liens familiaux entre générations » [Pitrou, 1995]. Les liens verticaux surpassent en efficacité les liens horizontaux.

Face aux mutations récentes, les sociologues de la parenté adoptent une attitude peu alarmiste : la famille contemporaine pour eux n'est pas en crise car elle remplit toujours des fonctions sociales de reproduction, elle assure une sociabilité forte et une transmission intergénérationnelle, elle contribue à l'insertion des individus sur le marché du travail et les protège contre ses aléas.

4. Le familial à l'épreuve de l'individualisme affectif

Comme leurs prédécesseurs, les sociologues contemporains s'intéressent aux limites de la fonction intégratrice de la famille. Leurs analyses s'organisent principalement autour d'une interrogation : la structuration psychologique de la personnalité est-elle compatible avec la cohésion familiale et la cohésion sociale ? Quel est l'avenir de la famille lorsque la contractualisation des relations familiales semble de nouveau saper les fondements de l'institution ? L'étude des retombées de la fragilisation de l'institution sur la socialisation des individus et sur leur contribution au maintien de l'ordre social [Commaille, 1987, 1996] traduit des inquiétudes similaires à celles enregistrées au XIXe siècle. On peut ainsi mettre en perspective certains auteurs actuels en essayant de cerner la place que chacun accorde à l'individualisme affectif dans la régulation des comportements familiaux et ses retombées sur le lien social.

La famille incertaine

Si certains observateurs ont focalisé leur attention sur la dimension institutionnelle de la vie à deux, ce n'est pas seulement dû au fait qu'elle est plus facile à objectiver, la diffusion de formes d'« union sans papiers » formant un phénomène difficile à saisir [Leridon et Villeneuve-Gokalp, 1994]. Le regard porté sur le déclin de l'institution du mariage comme révélateur d'un déclin plus général de la famille est aussi au cœur d'une réflexion plus ample sur la « crise des régulations traditionnelles » [Crozier, 1980], tout comme les observations de la famille ouvrière du XIXe siècle prenaient sens dans un contexte de remise en cause des autorités de tutelle traditionnelles. Pour les sociologues attentifs aux risques de la désinstitutionnalisation, les mutations familiales observables au cours des dernières années du XXe siècle traduisent quelque chose de plus fort que des changements démographiques. La mutation la plus importante est que la famille d'« assurée » est devenue « incertaine » [Roussel, 1989]. Autrefois, le mariage assumait un rôle central dans la tradition occidentale, il était la « clef de voûte de l'ordre social » [Duby, 1981]. Ce n'est plus le cas, car le décalage entre les mœurs familiales et les institutions produit des effets déstabilisants et « la plupart des choix ne se font plus désormais sans quelques hésitations » [Roussel, 1989]. Les rôles familiaux cessent d'être clairs pour tout un chacun et les attentes individuelles augmentent. La vie en famille poursuit moins l'objectif de la survie sociale que celui du bonheur. L'irruption de la logique des sentiments au sein du mariage soulève dès lors un problème majeur : « Comment fonder le social et la parenté sur la seule fragilité des amours humaines ? » [Meulders-Klein, 1993]. La déconnexion entre les formes institutionnelles et le vécu est considérée comme révélatrice de la « crise du *couple* lui-même, marié ou non, [...] ce pivot universel de toute famille » [*ibid.*]. La crise se retrouverait à plusieurs niveaux : dans le fait que le désir règle les conduites familiales ; dans le fait que ce désir rejette tout engagement formel à long terme. L'horizon de la famille contemporaine semble se rétrécir : bien plus que le mariage, « c'est le couple lui-même qui semble avoir perdu sa vocation à l'éternité » [*ibid.*]. C'est ce bouleversement culturel qui a été nommé « démariage » par Carbonnier, terme repris ensuite par Théry [1993*b*].

Cette perspective, qui refuse d'être interprétée comme nostalgique d'un ordre ancien [Roussel, 1989], essaie de mettre en garde les sociologues contre les périls qui se cachent derrière le mouvement historique en cours. Le terme de « crise », utilisé pour nommer la perte de références offertes par le mariage, renvoie à quelque chose de plus inquiétant qu'une simple incertitude. Pris au sens grec et médical, le terme *krisis* évoque un moment décisif de compréhension du phénomène, d'appréhension de certains éléments de celui-ci qui seraient occultés en temps normal [Morin, 1984]. Ici, la « crise du mariage » traduit la perte de la loi commune dont les conséquences se retrouvent à plusieurs niveaux et, notamment, dans un retour du « biologisme » qui nie la spécificité du culturel dans l'humain, c'est-à-dire le besoin fondamental que ressentent les sociétés humaines d'instituer la filiation, la chaîne intergénérationnelle [Legendre, 1975, *in* Théry, 1996].

Actuellement, le lien de filiation est conçu comme un lien organique, irrévocable, inconditionnel, alors que le lien conjugal apparaît contractuel. Ce paradoxe doit être interrogé, là est l'un des plus grands enjeux qui se présentent au sociologue des rapports entre la vie privée et la vie publique. Les dernières dispositions législatives — que l'on songe à la loi française sur l'autorité parentale conjointe du 8 janvier 1993 — vont en effet dans le sens d'une indissolubilité du couple parental : le démariage forme alors le moment de l'« apothéose paradoxale de la famille puisqu'elle résiste à tout, même à la séparation, même à la décohabitation » [Théry, 1993*b*]. Les individus peuvent se séparer comme conjoints, mais continuer d'exercer conjointement leurs prérogatives de parents. Toute la difficulté consiste à concevoir des repères communs au couple et à la filiation, comme le faisait jadis le mariage, tout en respectant la logique de contractualisation de la vie conjugale. À la question familiale sont associés des enjeux anthropologiques dans la mesure où le démariage atteint la « famille en tant qu'institution articulant la différence des sexes et la différence des générations » [Théry, 1996]. Il est à cet égard intéressant de se souvenir du programme que Comte proposait à la sociologie de la famille : l'étude rationnelle des rapports entre les sexes et entre les âges. À travers le modèle de la famille positive, Comte intégrait dans son analyse la question anthropologique aujourd'hui soulevée par Théry.

La famille relationnelle

Reprenant à son compte un questionnement présent dans les œuvres de Tocqueville et de Durkheim, de Singly n'associe pas à l'individualisme contemporain des conséquences néfastes sur la structuration des liens intrafamiliaux. Bien au contraire, les effets de l'individualisme, dans son versant positif, deviennent la clé de voûte d'une théorie de la famille contemporaine. Pour que les individus nouent des relations affectives, encore faut-il que les capitaux dont ils sont porteurs ne soient pas seulement de nature institutionnelle ou matérielle, comme le sont le capital scolaire et le capital économique en particulier [de Singly, 1987, 1990]. Le lien familial contemporain ne peut être qu'individualiste, puisque c'est en retirant des satisfactions individuelles que les individus vivent en couple *et* que c'est en poursuivant la recherche de leur satisfaction qu'ils s'orientent vers la vie de couple. Le dévoilement de son identité la plus profonde n'est possible que par l'intermédiaire d'un proche, ce qui fait de la famille un cadre privilégié de soutien [de Singly, 1996*b*]. Dans cette perspective, les formes contemporaines de la vie privée ne trahissent pas une montée des égoïsmes qui brisera à terme toute solidarité, toute transmission intergénérationnelle. Cette transmission assume cependant un sens différent. Les individus souhaitent une forme d'héritage qui laisse une plus grande initiative aux héritiers. Ces derniers doivent avoir la possibilité de trier ce qui leur est transmis, en choisissant ce qui leur paraît compatible avec leur épanouissement. Cette sélection apparaît fondamentale dans le processus de formation de la personnalité des individus contemporains : elle dévoile selon l'auteur une tension entre une dimension statutaire et une dimension élective qu'il revient à chaque individu de pondérer [1996*a*].

On ne peut reprocher aux sociologues qui adoptent des approches constructivistes et relationnelles du lien domestique d'oublier les effets sociaux des structures de la vie privée sur la vie publique. Peter Berger, l'un des fondateurs de cette approche [Berger et Kellner, 1988], prend en considération le rapport entre les deux sphères lorsqu'il se penche sur l'étude de la famille américaine. Avec Brigitt Berger, il affirme que le mérite incontestable de la famille américaine est de former des individus à la fois autonomes et sociables. Renouant en quelque sorte avec la tradition tocquevillienne ou encore avec l'œuvre de Parsons, les deux sociologues se demandent quel type d'organisation domestique est compatible avec une société démocratique : pour que la démocratie existe, ne faut-il pas des « individus confiants en eux-mêmes et d'esprit indépendant, capables d'utiliser les conditions institutionnelles de la liberté et de résister aux multiples pressions sociales vers la conformité » ? [Berger et Berger, 1983]. À leurs yeux, la famille relationnelle produit ce type d'individus.

Le temps long de la filiation

La vivacité des liens de parenté, leur économie cachée [Déchaux, 1994] dans le domaine des échanges de biens et services constituent l'un des domaines centraux d'une approche qui s'appuie sur des outils conceptuels empruntés à l'ethnologie. La parenté remplit aussi des fonctions de sociabilité et de repérage identitaire. Sont alors étudiés les microrituels qui contribuent à réactiver le sentiment d'appartenance à la lignée, au groupe. Pouvoir attester de nombreux collatéraux et ascendants ne témoigne pas seulement de sa propre « normalité sociale » [Segalen, 1987], mais permet en outre d'inscrire Ego dans un horizon parental qui le dépasse et le soutient.

L'impact de cette approche doit être éclairé encore une fois par le contexte démographique contemporain. La chute de la fécondité et, secondairement, la diminution de la mortalité sont considérées comme les facteurs essentiels du vieillissement de la population. La proportion d'Européens ayant plus de 60 ans ne cesse d'augmenter ; symétriquement, si, en 1987, la proportion des moins de 20 ans était de 25,4 % pour les femmes et de 28,3 % pour les hommes, en 1992, ce pourcentage atteint 23,5 pour les premières et 26 pour les seconds. De 1960 à 1990, l'espérance de vie à la naissance — soit le nombre d'années à vivre, en moyenne, pour une génération, compte tenu des conditions de mortalité — est passée de 72,7 ans pour les femmes et de 67,5 ans pour les hommes à plus de 79 ans pour les premières et à plus de 72 ans pour les seconds [Eurostat, 1996]. Par défaut de renouvellement des jeunes générations, les pyramides des âges se rétrécissent à leur base et se gonflent de plus en plus de leur milieu à leur sommet.

L'étude de la permanence des relations de parenté et le repérage d'une fonction identitaire de la famille dans le temps long prennent sens dans ce contexte où la probabilité de nouer des relations avec ses ascendants est croissante. Contrairement aux sociologues qui s'intéressent à la construction identitaire dans le temps court de la famille relationnelle, l'identité est ici étudiée dans le temps long de la filiation, par le biais, par exemple, du souvenir qu'Ego a de ses ascendants défunts. Prenant acte des effets sélectifs de l'individualisme sur la mémoire des morts, cette perspective essaie néanmoins de retrouver le sens de la continuité entre générations. Plutôt que son effacement, elle repère sa recomposition, dans une société où la mémoire cesse d'être subordonnée à la reconduction d'une tradition. Ainsi, « autonomie individuelle et appartenance inconditionnelle chercheraient à se concilier engendrant un rapport original à la mémoire » [Déchaux, 1997]. Le lien de filiation assume un sens nouveau, étant porteur d'une temporalité longue irréductible à la temporalité individuelle, sans toutefois réduire l'individu au statut d'héritier passif d'une lignée à laquelle il appartiendrait une fois pour toutes.

Le lien de filiation est alors conçu comme contenant un symbolisme spécifique qui résiste et se renforce grâce à l'individualisation et au mouvement de privatisation en œuvre dans la société contemporaine. Ainsi, « désir de transmission et affirmation de soi ne sont pas incompatibles » [*ibid.*].

Conclusion

Les théories sociologiques contemporaines de la famille s'appuient partiellement sur les apports des auteurs du XIXe siècle, en particulier lorsqu'elles s'attachent à estimer la contribution du groupe domestique au maintien du lien social. C'est cette récurrence, qui n'est pas nécessairement explicite dans les écrits les plus récents, mais qui n'est pas pour autant le résultat de circonstances fortuites, qui justifie l'usage du terme « tradition » en sociologie de la famille. À ce stade de la réflexion, chacun est en droit de se poser une question, commune à tout bilan de traditions intellectuelles : comment interpréter la proximité des thèmes abordés et des concepts mobilisés d'un siècle à l'autre ? Estimant que les identités de perspective l'emportent sur les différences, certains lecteurs pourront répondre que les contemporains restent les *héritiers* des fondateurs afin de revendiquer une inscription dans une filiation théorique — et cela malgré les écarts qui font l'originalité de chacun. D'autres estimeront que les obsessions du XIXe siècle sont encore les nôtres car, en dépit des effets reproducteurs des manuels et d'autres véhicules de traditions intellectuelles, les questions sociales qui se posent d'un siècle à l'autre sont proches. Quelle que soit l'interprétation donnée, il n'en reste pas moins que le double souci de scruter les effets de l'individualisme sur l'institution et de rechercher des remèdes à ses débordements a de beaux jours devant lui, et on peut parier qu'il constituera encore un thème de débat pour la sociologie de la famille de tradition française.

Repères bibliographiques

ALMÉRAS H. D', *Le Mariage chez tous les peuples*, Schleicher Frères & Cie éditeurs, Paris, 1903.

ANONYME, *Marthe*, Seuil, Paris, 1982.

ARIÈS P., *L'Enfant et la vie familiale sous l'Ancien Régime*, Plon, Paris, 1960.

ARIÈS P. et DUBY G., *Histoire de la vie privée*, t. I-V, Seuil, Paris, 1985-1987.

ATTIAS-DONFUT C., « Introduction », *in* ATTIAS-DONFUT C. (éd.), *Les Solidarités entre générations*, Nathan, Paris, 1995.

BARBAGLI M., *Provando e riprovando*, Il Mulino, Bologne, 1990.

BAWIN-LEGROS B. (avec la collaboration de STASSEN J.-F.), *Sociologie de la famille*, De Boeck, Bruxelles, 1996.

BERGER P. et LUCKMANN T., *La Construction sociale de la réalité*, Méridiens/Klincksieck, Paris, 1986.

BERGER P. et KELLNER H., « Le mariage et la construction sociale de la réalité », *Dialogue*, n° 102, 1988.

BERGER P. et BERGER B., *The War over the Family. Capturing the Middle Ground*, Anchor Press/Doubleday, New York, 1983.

BESNARD P., « Mariage et suicide : la théorie durkheimienne de la régulation conjugale à l'épreuve d'un siècle », *Revue française de sociologie*, XLVII, 1997.

BOURDIEU P., CHAMBOREDON J.-C. et PASSERON J.-C., *Le Métier du sociologue*, Mouton-La Haye, Paris, 1968.

BOURDIEU P., « Les stratégies matrimoniales dans le système de reproduction », 1972, repris *in Le Sens pratique*, Paris, 1980.

BOZON M., « Le mariage : montée et déclin d'une institution », *in* SINGLY F. DE *et al.* (éd.), *La Famille : l'état des*

savoirs, La Découverte, Paris, 1991.
BURGUIÈRE A., « Famille », *in* BURGUIÈRE A. (éd.), *Dictionnaire des sciences historiques*, PUF, Paris, 1986.
CARADEC V., *Le Couple à l'heure de la retraite*, PUR, Rennes, 1996.
CARBONNIER J., *Flexible Droit*, LGDJ, Paris, 1992 (1969).
CASEY J., *The History of the Family*, Basil Blackwell, Oxford, 1989.
CASTEL R., *Les Métamorphoses de la question sociale*, Fayard, Paris, 1995.
CAVALLO G. et CHARTIER R., *Histoire de la lecture dans le monde occidental*, Seuil, Paris, 1997.
CHENU A., « La famille-souche. Questions de méthode », *in* LE PLAY F. *et al.*, *Les Mélouga. Une famille pyrénéenne au XIXe siècle*, Nathan, Paris, 1994.
CHEVALIER L., *Classes laborieuses et classes dangereuses à Paris, pendant la première moitié du XIXe siècle*, Librairie générale française, Paris, 1978.
COMMAILLE J., « Ordre familial, ordre social, ordre légal. Éléments d'une sociologie politique de la famille », *L'Année sociologique*, n° 37, 1987, *Sociologie de la famille 1965-1985*.
COMMAILLE J., *Misère de la famille, question d'État*, Presses de Sciences Po, Paris, 1996.
COMTE A., *Cours de philosophie positive*, 1839, repris *in Leçons de sociologie*, Flammarion, Paris, 1995.
COMTE A., *Système de politique positive, ou traité de sociologie, instituant la Religion de l'Humanité*, Carilian-Cœury et Vor Dalmont, Paris, t. 1, 1851 ; t. 2, 1852 ; t. 3, 1853 ; t. 4, 1854.
CORBIN A., *Les Filles de noces. Misère sexuelle et prostitution au XIXe siècle*, Aubier-Montaigne, Paris, 1978.
CORBIN A., « Coulisses », *in* PERROT M. (éd.), *L'Histoire de la vie privée*, t. IV, Seuil, Paris, 1987.
CORBIN A., « La fascination de l'adultère », *in* DUBY G. (éd.), *Amour et Sexualité en Occident*, Seuil, Paris, 1991.
CORCUFF P., *Les Nouvelles Sociologies*, Nathan, Paris, 1995.
COSMACINI G., « L'igiene e il medico di famiglia », *in* MELOGRANI P. (éd.), *La famiglia italiana dall'Ottocento a oggi*, Laterza, Rome-Bari, 1988.
CROZIER M., « La crise des régulations traditionnelles », *in* MENDRAS H. (éd.), *La Sagesse et le Désordre. France 1980*, Gallimard, Paris, 1980.
DÉCHAUX J.-H., « Les échanges dans la parenté accentuent-ils les inégalités ? » *Sociétés contemporaines*, n° 17, mars 1994.
DÉCHAUX J.-H., « Les services dans la parenté : fonctions, régulations, effets », *in* KAUFMANN J.-C. (éd.), *Faire ou*

faire faire ? Famille et services, PUR, Rennes, 1995*a*.

DÉCHAUX J.-H., « Orientations théoriques en sociologie de la famille : autour de cinq ouvrages récents », *Revue française de sociologie*, XXXVI, 1995*b*.

DÉCHAUX J.-H., *Le Souvenir des morts*, PUF, Paris, 1997.

DONZELOT J., *La Police des familles*, Minuit, Paris, 1977.

DUBAR C., *La Socialisation*, Armand Colin, Paris, 1991.

DUBET F., *Sociologie de l'expérience*, Seuil, Paris, 1994.

DUBY G., *Le Chevalier, la Femme et le Prêtre*, Hachette, Paris, 1981.

DUMONT L., *Essais sur l'individualisme*, Seuil, Paris, 1983.

DURKHEIM É., « Introduction à la sociologie de la famille » (1888) ; « La famille conjugale » (1892) ; « Le divorce par consentement mutuel » (1906), *in* KARADY V. (éd.), *Textes II, III*, Minuit, Paris, 1975.

DURKHEIM É., *De la division du travail social*, Alcan, Paris, 1893, 2e éd. 1902.

DURKHEIM É., *Les Règles de la méthode sociologique*, Alcan, Paris, 1895.

DURKHEIM É., *Le Suicide. Étude de sociologie*, Alcan, Paris, 1897.

DURKHEIM É., *L'Éducation morale* (FAUCONNET P. éd.), Alcan, Paris, 1925.

DURKHEIM É., *Leçons de sociologie*, PUF, Paris, 1950.

ENGELS F., *La Situation de la classe laborieuse en Angleterre*, Éditions sociales, Paris, 1962 (1845).

ENGELS F., *L'Origine de la famille, de la propriété privée et de l'État*, Éditions sociales, Paris, 1954 (1884).

EUROSTAT, *Statistiques démographiques 1996*, Office des publications officielles des Communautés européennes, Luxembourg, 1996.

EWALD F., *L'État-providence*, Grasset, Paris, 1986.

FARR W., « The influence of marriage on the mortality of the French people », *Transactions of the National Association for the Promotion of Social Science*, 1858, p. 504-512.

FILLOUX J.-C., *Durkheim et le socialisme*, Droz, Genève, 1977.

FLANDRIN J.-L., *Familles*, Hachette, Paris, 1976.

FOUCAULT M., *Surveiller et punir*, Gallimard, Paris, 1975.

GIRARD A., *Le Choix du conjoint*, PUF-INED, Paris, 1964.

GOODE W., *World Revolution and Family Patterns*, The Free Press, Glencoe, 1963.

GOODY J., *L'Évolution de la famille et du mariage en Europe*, Armand Colin, Paris, 1985 (1983).

GIORGIO M. DE, « Raccontare un matrimonio moderno », *in* GIORGIO M. DE et KLAPISCH-ZUBER C. (éd.), *Storia del matrimonio*, Laterza, Rome-Bari, 1996.

GOTMAN A., *Hériter*, PUF, Paris, 1988.

GRUMBACH M., « L'individu polyphonique », *Dialogue*, n° 102, 1988.

GULLESTAD M., « Equality and Marital Love », *The Art of Social Relations*, Scandinavian University Press, Oslo, 1992.

HALBWACHS M., *La Classe ouvrière et les niveaux de vie. Recherches sur la hiérarchie des besoins dans les sociétés industrielles contemporaines*, Alcan, Paris, 1913.

HEGEL G.W.F., *Philosophie du droit*, NRF, Paris, 1940 (1821).

HOBSBAWM E.J. « Avant-propos », *in* ENGELS F., *L'Origine de la famille, de la propriété privée et de l'État*, Éditions sociales, Paris, 1954 (1884).

HOBSBAWM E.J., *The Age of Capital, 1848-1875*, Weindelfeld and Nicolson, 1975.

HOBSBAWM E. J. et RANGER T., *The Invention of Tradition*, Cambridge University Press, Cambridge, 1983.

JONAS F., *Histoire de la sociologie. Des Lumières à la théorie du social*, Larousse, Paris, 1991 (1980).

KALAORA B. et SAVOYE A., *Les Inventeurs oubliés. Le Play et ses continuateurs aux origines des sciences sociales*, Champ-Vallon, Seyssel, 1989.

KAUFMANN J.-C., *La Vie ordinaire*, Greco, Paris, 1989.

KAUFMANN J.-C., « Les routines conjugales », *Sciences humaines*, n° 9, 1991.

KAUFMANN J.-C., *La Trame conjugale. Analyse du couple par son linge*, Nathan, Paris, 1992.

KAUFMANN J.-C., *Sociologie du couple*, PUF, Paris, 1993.

KAUFMANN J.-C., « Vie hors couple, isolement et lien social : figures de l'inscription relationnelle », *Revue française de sociologie*, XXXV, 4, 1994.

KAUFMANN J.-C., *Le Cœur à l'ouvrage*, Nathan, Paris, 1997.

KELLERHALS J. et ROUSSEL L., « Les sociologues face aux mutations de la famille : quelques tendances des recherches 1965-1985 », *L'Année sociologique*, n° 37, 1987, *Sociologie de la famille 1965-1985*.

KELLERHALS J., « Les types d'interactions dans la famille », *L'Année sociologique*, n° 37, 1987, *Sociologie de la famille 1965-1985*.

LAHIRE B., *Tableaux de familles. Heurs et malheurs scolaires en milieux populaires*, Gallimard-Seuil, Paris, 1995.

LAMBERTI J.-C., *Tocqueville et les deux démocraties*, PUF, Paris, 1983.

LASLETT P., « La famille et le ménage : approches historiques », *Annales ESC*, n°s 4-5, juillet-octobre 1972.

LAZARSFELD P., *Philosophie des sciences sociales*, Gallimard, Paris, 1970.

LEFAUCHEUR N., *Dissociation familiale et délinquance juvénile, les avatars scientifiques d'une représentation sociale*, rapport pour la Caisse nationale d'allocations familiales, Paris, 1989.

LE GALL D. et MARTIN C., « Transitions familiales, logiques de recomposition et modes de régulation conjugale » *in* MEULDERS-KLEIN M.-T. et THÉRY I. (éd.), *Les Recompositions familiales aujourd'hui*, Nathan, Paris, 1993.

LEGENDRE P., *L'Inestimable Objet de la transmission*, Fayard, Paris, 1975.

LENOIR R., « Transformations du familialisme et reconversions morales », *ARSS*, n° 59, 1985.

LE PLAY F., *Les Ouvriers européens. Études sur les travaux, la vie domestique et la condition morale des populations ouvrières de l'Europe, précédées d'un exposé de la méthode d'observation*, Imprimerie impériale, Paris, 1855.

LE PLAY F., *La Réforme sociale en France*, 2 vol. 1864, repris en Tous, Mame, Paris, 1878.

LE PLAY F., *L'Organisation de la famille selon le vrai modèle signalé par l'histoire de toutes les races et de tous les temps*, Téqui, Bibliothécaire de l'Œuvre Saint-Michel, Paris, 1871.

LE PLAY F., *La Méthode sociale. Abrégé des Ouvriers européens*, 1879, 2e éd., Méridiens Klincksieck, Paris, 1989.

LE PLAY F. *et al.*, *Les Mélouga. Une famille pyrénéenne au XIXe siècle* (présentation et postface de CHENU A.), Nathan, Paris, 1994 (1857 ; repris en 1877).

LERIDON H., « Pourquoi le démographe s'intéresse-t-il à la nuptialité ? » *in* HIBERT Th. et ROUSSEL L. (éd.), *La Nuptialité : évolution récente en France et dans les pays développés*, PUF-INED, Paris, 1991.

LERIDON H. et VILLENEUVE-GOKALP C., *Constances et inconstances de la famille*, PUF-INED, Paris, 1994.

LEWIS O., *Les Enfants de Sanchez*, Gallimard, Paris, 1978 (1961).

MAISTRE J. DE, *Considérations sur la France*, 1797, *in Écrits sur la Révolution*, PUF, Paris, 1989.

MALPAS N. et LAMBERT P.-Y., *Les Européens et la famille. Eurobaromètre*, Commission des Communautés européennes, Bruxelles, 1993.

MARIE P., « La bibliothèque des Amis de l'instruction du 3e arrondissement », *in* NORA P. (éd.), *Les Lieux de mémoire*, Gallimard, Paris, t. I, 1984.

MARTIN C., « Solidarités familiales : débat scientifique, enjeu politique », *in* KAUFMANN J.-C. (éd.), *Faire ou faire faire ? Famille et services*, PUR, Rennes, 1995.

MARX K. et ENGELS F., *Manifeste du parti communiste*, Union générale d'éditions, Paris, 1980 (1848).

MARX K., *Le Capital*, Éditions sociales, Paris, livre premier, 1950 (1867).

MEULDERS-KLEIN M.-T., « Les recompositions familiales et le droit au temps du démariage », *in* MEULDERS-KLEIN M.-T. et THÉRY I. (éd.), *Les Recompositions familiales aujourd'hui*, Nathan, Paris, 1993.

MEYER P., *L'Enfant et la raison d'État*, Seuil, Paris, 1977.

MICHEL A., *Sociologie de la famille et du mariage*, PUF, Paris, 1972.

MICHELET J., *Le Peuple*, Flammarion, Paris, 1974 (1846).

MICHELI G. A. (éd.), *La società del figlio assente. Voci a confronto sulla seconda transizione demografica in Italia*, Franco Angeli, Milan, 1995.

MONTESQUIEU C. DE SECONDAT, *De l'esprit des lois*, Seuil, Paris, 1964 (1748).

MONTRONI G., « La famiglia Borghese », *in* MELOGRANI G. (éd.), *La famiglia italiana dall'Ottocento a oggi*, Laterza, Rome-Bari, 1988.

MORIN E., *Sociologie*, Fayard, Paris, 1984.

MORSELLI E., *Il suicidio. Saggio di statistica morale comparata*, Fratelli Dumolard, Milan, 1879.

MUSSO S., « La famiglia operaia », *in* MELOGRANI G. (éd.), *La famiglia italiana dall'Ottocento a oggi*, Laterza, Rome-Bari, 1988.

NISBET R., *La Tradition sociologique*, PUF, Paris, 1984 (1966).

NORA P., « Lavisse, instituteur national », *in* NORA P. (éd.), *Les Lieux de mémoire*, Gallimard, Paris, t. I, 1984*a*.

NORA P., « Le *Dictionnaire de pédagogie* de Fernand Buisson », *in* NORA P. (éd.), *Les Lieux de mémoire*, Gallimard, Paris, t. I, 1984*b*.

NOURRISSON D., *Le Buveur du XIXe siècle*, Albin Michel, Paris, 1990.

OEXLE O., « Les groupes sociaux du Moyen Âge et les débuts de la sociologie contemporaine », *Annales ESC*, n° 3, 1992.

ORY P., « Le *Grand Dictionnaire* de Pierre Larousse », *in* NORA P. (éd.), *Les Lieux de mémoire*, Gallimard, Paris, t. I, 1984.

OZOUF J. et OZOUF M., « *Le Tour de France par deux enfants* », *in* NORA P. (éd.), *Les Lieux de mémoire*, Gallimard, Paris, t. I, 1984.

PARENT-DUCHÂTELET A., *De la prostitution dans la ville de Paris, considérée sous le rapport de l'hygiène publique, de la morale et de l'administration*, Baillière, Paris, 1836, 2 vol.

PARSONS T., *Éléments pour une sociologie de l'action*, Plon, Paris, 1955 (1949).

PAUGAM S., *La Disqualification sociale. Essai sur la nouvelle pauvreté*, PUF, Paris, 1991.

PERROT M., « En marge : célibataires et solitaires », *in*

PERROT M. (éd.), *Histoire de la vie privée*, Seuil, Paris, t. 4, 1987.

PITROU A., « Le mythe de la famille et du familial », *in* KAUFMANN J.-C. (éd.), *Faire ou faire faire ? Famille et services*, PUR, Rennes, 1995.

PROCACCI G., *Gouverner la misère. La question sociale en France, 1789-1848*, Seuil, Paris, 1993.

PUGEAULT C., *Du vin et des cabales. Sociologie historique d'une formation sociale : les débitants de boissons de l'Oise rurale (1850-1880)*, thèse de doctorat, EHESS, Paris, 1994.

RENAUT A., *L'Ère de l'individu*, Gallimard, Paris, 1989.

ROLLET C., *La Politique à l'égard de la petite enfance sous la Troisième république*, PUF-INED, Paris, 1990.

ROSSI G. et BRAMANTI D., « Famiglie, reti sociali e soggetti in difficoltà : il rischio della "cura" », *Studi di Sociologia*, XXXII, octobre-décembre 1994.

ROUSSEAU J.-J., *Du contrat social*, Flammarion, Paris, 1966 (1762).

ROUSSEL L., « Deux décennies de mutations démographiques (1965-1985) dans les pays industrialisés », *Population*, nº 3, 1987.

ROUSSEL L., *La Famille incertaine*, Odile Jacob, Paris, 1989.

SARACENO C., *Sociologia della famiglia*, Il Mulino, Bologne, 1988.

SAVOYE A., *Les Débuts de la sociologie empirique*, Méridiens-Klincksieck, Paris, 1994.

SCHULTHEIS F., « La contribution de la famille à la reproduction sociale : une affaire d'État », *in* COMMAILLE J. et SINGLY F. DE (éd.), *La Question familiale en Europe*, L'Harmattan, Paris, 1997.

SCHWARTZ O., *Le Monde privé des ouvriers*, PUF, Paris, 1990.

SEGALEN M., *Sociologie de la famille*, Armand Colin, Paris, 1987 (1981).

SEGALEN M., « Introduction », *in* SEGALEN M. (éd.), *Jeux de familles*, Presses du CNRS, Paris, 1991.

SENNETT R., *Autorité*, Fayard, Paris, 1982 (1980).

SGRITTA G. B., « Solidarité étatique *versus* solidarité familiale. La question des générations », *in* COMMAILLE J. et SINGLY F. DE (éd.), *La Question familiale en Europe*, L'Harmattan, Paris, 1997.

SHORTER E., *Naissance de la famille moderne*, Seuil, Paris, 1977.

SINGLY F. DE, *Fortune et infortune de la femme mariée*, PUF, Paris, 1987.

SINGLY F. DE, « L'amour, un bien privé, un mal public ? » *Revue française des affaires sociales*, vol. 42, nº 2, 1988.

SINGLY F. DE, « L'homme dual », *Le Débat*, nº 61, 1990.

SINGLY F. DE, *Sociologie de la famille contemporaine*, Nathan, Paris, 1993*a*.

SINGLY F. DE, *Parents salariés et petites maladies d'enfance*, La Documentation française, Paris, 1993*b*.

SINGLY F. DE, « L'appropriation de l'héritage culturel », *Lien social et politiques – Riac*, nº 35, 1996*a*.

SINGLY F. DE, *Le Soi, le Couple, la Famille*, Nathan, Paris, 1996*b*.

SMELSER N. S., *Comparative Methods in the Social Sciences*, Englewood Cliffs, Prentice-Hall, 1976.

SMITH A., *Recherches sur la nature et les causes de la richesse des nations*, Flammarion, Paris, 1991 (1776).

SOHN A.-M., *Chrysalides. Femmes dans la vie privée (XIXe-XXe siècles)*, Publications de la Sorbonne, Paris, 1996, 2 vol.

STONE L., *The Family, Sex and Marriage in England, 1500-1800*, Londres, 1977.

TAHON M.-B., *La Famille désinstituée. Introduction à la sociologie de la famille*, Les Presses de l'université d'Ottawa, Ottawa, 1995.

THÉRY I., « Introduction générale : le temps des recompositions familiales », *in* MEULDERS-KLEIN M.-T. et THÉRY I. (éd.), *Les Recompositions familiales*, Nathan, Paris, 1993*a*.

THÉRY I., *Le Démariage. Justice et vie privée*, Odile Jacob, Paris, 1993*b*.

THÉRY I., « Famille : une crise de l'institution », *Notes de la fondation Saint-Simon*, nº 83, septembre 1996.

THOMAS W. I. et ZNANIECKI F., *The Polish Peasant in Europe and in America*, University of Chicago Press, Chicago, Ill., 1918-1920.

THOMPSON E., *La Formation de la classe ouvrière anglaise*, Gallimard-Seuil, Paris, 1988 (1963).

TOCQUEVILLE A. DE, *De la démocratie en Amérique*, Flammarion, Paris, 1981 (1835-1840).

TOCQUEVILLE A. DE, *L'Ancien Régime et la Révolution*, *in Œuvres complètes*, Gallimard, Paris, 1953, t. II, 2 vol. (1856).

TÖNNIES F., *Communauté et société. Catégories fondamentales de la sociologie pure*, Retz, Paris, 1977 (1887).

VIGARELLO G., *Le Propre et le Sale*, Seuil, Paris, 1985.

VILLERMÉ L.-R., *Tableau de l'état physique et moral des ouvriers employés dans les manufactures de coton, de laine et de soie*, Renouard, Paris, 1840, repris par Études et documentation internationales, 1989.

WEBER M., *Essais sur la théorie de la science*, Plon, Paris, 1965 (1922).

WEBER M., *Histoire économique. Esquisse d'une histoire universelle de l'économie et de la société*, Gallimard, Paris, 1991 (1923).

Table

La collection « Repères »
est animée par Jean-Paul Piriou
avec Bernard Colasse, Pascal Combemale,
Françoise Dreyfus, Hervé Hamon,
Dominique Merllié et Christophe Prochasson

Les stratégies des ressources humaines, n° 137, Bernard Gazier.

Le syndicalisme en France depuis 1945, n° 143, René Mouriaux.

Le syndicalisme enseignant, n° 212, Bertrand Geay.

Le système éducatif, n° 131, Maria Vasconcellos.

Le système monétaire international, n° 97, Michel Lelart.

Tableau de bord de la planète, n° 135, Worldwatch Institute.

Les taux de change, n° 103, Dominique Plihon.

La télévision, n° 49, Alain Le Diberder, Nathalie Coste-Cerdan.

La théorie de la décision, n° 120, Robert Kast.

Les théories de la monnaie, n° 226, Anne Lavigne et Jean-Paul Pollin.

Les théories des crises économiques, n° 56, Bernard Rosier.

Les théories du salaire, n° 138, Bénédicte Reynaud.

Les théories économiques du développement, n° 108, Elsa Assidon.

Le tiers monde, n° 53, Henri Rouillé d'Orfeuil.

Travail et travailleurs aux États-Unis, n° 16, Marianne Debouzy.

Travail et travailleurs en Grande-Bretagne, n° 32, François Eyraud.

Les travailleurs sociaux, n° 23, Jacques Ion et Jean-Paul Tricart.

L'Union européenne, n° 170, Jacques Léonard et Christian Hen.

L'urbanisme, n° 96, Jean-François Tribillon.

Collection « Guides Repères »

L'art du stage en entreprise, Michel Villette.

Voir, comprendre, analyser les images, Laurent Gervereau.

L'art de la thèse, *Comment préparer et rédiger une thèse de doctorat, un mémoire de DEA ou de maîtrise ou tout autre travail universitaire*, Michel Beaud.

Guide de l'enquête de terrain, Stéphane Beaud, Florence Weber.

Collection « Dictionnaires Repères »

Dictionnaire de gestion, Élie Cohen.

Dictionnaire d'analyse économique, *microéconomie, macroéconomie, théorie des jeux, etc.*, Bernard Guerrien.

Composition Facompo, Lisieux (Calvados)
Achevé d'imprimer en février 1998
sur les presses de l'imprimerie Carlo Descamps,
Condé-sur-l'Escaut (Nord)
Dépôt légal : février 1998